Jorge Bucay

El camino de la
autodependencia

Jorge Bucay

El camino de la autodependencia

Editorial Sudamericana / DEL NUEVO EXTREMO

Bucay, Jorge
El camino de la autodependencia.- 1ª ed. - Buenos Aires : Sudamericana, 2004.
160 p. ; 23x16 cm.- (Autoayuda)

ISBN 950-07-2545-2

1. Autoayuda I. Título
CDD 158.1

Primera edición: Diciembre de 2000
Trigésimo sexta edición y primera en este formato: Agosto de 2004

Derechos exclusivos para Uruguay, Argentina, Chile, Paraguay y Bolivia.

IMPRESO EN LA ARGENTINA

Queda hecho el depósito que previene la ley 11.723.
© 2000, Editorial Sudamericana S.A.®
Humberto I 531, Buenos Aires, Argentina
www.edsudamericana.com.ar

y Editorial Del Nuevo Extremo S.A.
Juncal 4651 C1425BAE, Buenos Aires, Argentina
Tel./fax: (54 11) 4773-3228 / 8445 Fax: (54 11) 4773-5720
editorial@delnuevoextremo.com
www.delnuevoextremo.com

ISBN 950-07-2545-2

a mi familia de origen
Chela, Elías y Cacho

gracias a quienes soy

Seguramente hay un rumbo
posiblemente
y de muchas *maneras*
personal y único.

Posiblemente haya un rumbo
seguramente
y de muchas *maneras*
el mismo para todos.

Hay un rumbo seguro
y de alguna manera posible.

De *manera* que habrá que encontrar ese rumbo y empezar a recorrerlo. Y *posiblemente* habrá que arrancar solo y sorprenderse al encontrar, más adelante en el camino, a todos los que *seguramente* van en la misma dirección.

Este rumbo último, solitario, personal y definitivo, sería bueno no olvidarlo, es nuestro puente hacia los demás, el único punto de conexión que nos une irremediablemente al mundo de lo que es.

Llamemos al destino final como cada uno quiera: felicidad, autorrealización, elevación, iluminación, darse cuenta, paz, éxito, cima, o simplemente final... lo mismo da. Todos sabemos que arribar con bien allí es nuestro desafío.

Habrá quienes se pierdan en el trayecto y se condenen a llegar un poco tarde y habrá también quienes encuentren un atajo y se transformen en expertos guías para los demás.

Algunos de estos guías me han enseñado que hay muchas formas de llegar, infinitos accesos, miles de maneras, decenas de rutas que nos llevan por el rumbo correcto. Caminos que transitaremos uno por uno. Sin embargo, hay algunos caminos que forman parte de todas las rutas trazadas.

Caminos que no se pueden esquivar.

Caminos que habrá que recorrer si uno pretende seguir.

Caminos donde aprenderemos lo que es imprescindible saber para acceder al último tramo.

Para mí estos caminos inevitables son cuatro:

El primero, el camino de la aceptación definitiva de la responsabilidad sobre la propia vida, que yo llamo
El camino de la Autodependencia

El segundo, el camino del descubrimiento del otro, del amor y del sexo, que llamo
El camino del Encuentro

El tercero, el camino de las pérdidas y de los duelos, que llamo
El camino de las Lágrimas

El cuarto y último, el camino de la completud y de la búsqueda del sentido, que llamo
El camino de la Felicidad.

A lo largo de mi propio viaje he vivido consultando los apuntes que otros dejaron de sus viajes y he usado parte de mi tiempo en trazar mis propios mapas del recorrido.

Mis mapas de estos cuatro caminos se constituyeron en estos años en hojas de ruta que me ayudaron a retomar el rumbo cada vez que me perdía.

Quizás estas *Hojas de Ruta* puedan servir a algunos de los que, como yo, suelen perder el rumbo, y quizás, también, a aquellos que sean capaces de encontrar atajos. De todas maneras, el mapa nunca es el territorio y habrá que ir corrigiendo el recorrido cada vez que nuestra propia experiencia encuentre un error del cartógrafo. Sólo así llegaremos a la cima.

Ojalá nos encontremos allí.
Querrá decir que ustedes han llegado.
Querrá decir que lo conseguí también yo...

JORGE BUCAY

LA ALEGORÍA DEL CARRUAJE

Un día de octubre, una voz familiar en el teléfono me dice:
—Salí a la calle que hay un regalo para vos.

Entusiasmado, salgo a la vereda y me encuentro con el regalo. Es un precioso carruaje estacionado justo justo frente a la puerta de mi casa. Es de madera de nogal lustrada, tiene herrajes de bronce y lámparas de cerámica blanca, todo muy fino, muy elegante, muy "chic". Abro la portezuela de la cabina y subo. Un gran asiento semicircular forrado en pana bordó y unos visillos de encaje blanco le dan un toque de realeza al cubículo. Me siento y me doy cuenta de que todo está diseñado exclusivamente para mí, está calculado el largo de las piernas, el ancho del asiento, la altura del techo... todo es muy cómodo, y no hay lugar para nadie más.

Entonces miro por la ventana y veo "el paisaje": de un lado el frente de mi casa, del otro el frente de la casa de mi vecino... y digo: "¡Qué bárbaro este regalo! Qué bien, qué lindo..." Y me quedo un rato disfrutando de esa sensación.

Al rato empiezo a aburrirme; lo que se ve por la ventana es siempre lo mismo.

Me pregunto: "¿Cuánto tiempo uno puede ver las mismas cosas?" Y empiezo a convencerme de que el regalo que me hicieron no sirve para nada.

De eso me ando quejando en voz alta cuando pasa mi vecino que me dice, como adivinándome:
—¿No te das cuenta que a este carruaje le falta algo?

Yo pongo cara de qué-le-falta mientras miro las alfombras y los tapizados.

—*Le faltan los caballos —me dice antes que llegue a preguntarle.*

Por eso veo siempre lo mismo —pienso—, por eso me parece aburrido...

—*Cierto —digo yo.*

Entonces voy hasta el corralón de la estación y le ato dos caballos al carruaje. Me subo otra vez y desde adentro grito:

—*¡¡Eaaaaa!!*

El paisaje se vuelve maravilloso, extraordinario, cambia permanentemente y eso me sorprende.

Sin embargo, al poco tiempo empiezo a sentir cierta vibración en el carruaje y a ver el comienzo de una rajadura en uno de los laterales.

Son los caballos que me conducen por caminos terribles; agarran todos los pozos, se suben a las veredas, me llevan por barrios peligrosos.

Me doy cuenta de que yo no tengo ningún control de nada; los caballos me arrastran a donde ellos quieren.

Al principio, ese derrotero era muy lindo, pero al final siento que es muy peligroso.

Comienzo a asustarme y a darme cuenta de que esto tampoco sirve.

En ese momento, veo a mi vecino que pasa por ahí cerca, en su auto. Lo insulto:

—*¡Qué me hizo!*

Me grita:

—*¡Te falta el cochero!*

—*¡Ah! —digo yo.*

Con gran dificultad y con su ayuda, sofreno los caballos y decido contratar a un cochero. A los pocos días asume funciones. Es un hombre formal y circunspecto con cara de poco humor y mucho conocimiento.

Me parece que ahora sí estoy preparado para disfrutar verdaderamente del regalo que me hicieron.

Me subo, me acomodo, asomo la cabeza y le indico al cochero adónde quiero ir.

Él conduce, él controla la situación, él decide la velocidad adecuada y elige la mejor ruta.

Yo... Yo disfruto del viaje.

Esta pequeña alegoría debería servirnos para entender el concepto holístico del ser.

Hemos nacido, salido de nuestra "casa" y nos hemos encontrado con un regalo: nuestro <u>cuerpo</u>. Un carruaje diseñado especialmente para cada uno de nosotros. Un vehículo capaz de adaptarse a los cambios con el paso del tiempo, pero que será el mismo durante todo el viaje.

A poco de nacer, nuestro cuerpo registró un deseo, una necesidad, un requerimiento instintivo, y se movió. Este carruaje —el cuerpo— no serviría para nada si no tuviese caballos; ellos son los <u>deseos</u>, las necesidades, las pulsiones y los afectos.

Todo va bien durante un tiempo, pero en algún momento empezamos a darnos cuenta que estos deseos nos llevaban por caminos un poco arriesgados y a veces peligrosos, y entonces tenemos necesidad de sofrenarlos. Aquí es cuando aparece la figura del cochero: nuestra cabeza, nuestro <u>intelecto</u>, nuestra capacidad de pensar racionalmente. Ese cochero manejará nuestro mejor tránsito.

Hay que saber que cada uno de nosotros <u>es</u> por lo menos los tres personajes que intervienen allí.

Vos sos el carruaje, sos los caballos y sos el cochero durante todo el camino, que es tu propia vida.

La armonía deberás construirla con todas estas partes, cuidando de no dejar de ocuparte de ninguno de estos tres protagonistas.

Dejar que tu cuerpo sea llevado sólo por tus impulsos, tus afectos o tus pasiones puede ser y es sumamente peligroso. Es decir, necesitás de tu cabeza para ejercer cierto orden en tu vida.

El cochero sirve para evaluar el camino, la ruta. Pero quienes realmente tiran del carruaje son tus caballos. No permitas que el cochero los descuide. Tienen que ser alimentados y protegidos, porque... ¿qué harías sin los caballos? ¿Qué sería de vos si fueras solamente cuerpo y cerebro? Si no tuvieras ningún deseo, ¿cómo sería la vida? Sería como la de esa gente que va por el mundo sin contacto con sus emociones, dejando que solamente su cerebro empuje el carruaje.

Obviamente, tampoco podés descuidar el carruaje, porque tiene que durar todo el trayecto. Y esto implicará reparar, cuidar, afinar lo que sea necesario para su mantenimiento. Si nadie lo cuida, el carruaje se rompe, y si se rompe se acabó el viaje.

Recién cuando puedo incorporar esto, cuando sé que soy mi cuerpo, mi dolor de cabeza y mi sensación de apetito, que soy mis ganas y mis deseos y mis instintos; que soy además mis reflexiones y mi mente pensante y mis experiencias... Recién en ese momento estoy en condiciones de empezar, equipado, este camino, que es el que hoy decido para mí.

CAPÍTULO 1. SITUACIÓN

Dice Hamlet Lima Quintana[1]:

Todo depende de la luz,
de la manera de iluminar las cosas...
Todo depende de la forma,
de los contornos,
de las interpolaciones y
de las dudas.
Todo también depende
de que el tiempo nos marque,
de que los espacios nos den los titulares.
El verdadero problema es elegir entre
perseguir las sombras
o resignarse a ser el perseguido.
Un extraño "To be or not to be"
en este casi ser
en este casi no ser.
Salir desde las sombras
o hacer las sombras perdurables.
Y en la última etapa del abismo
después de liberar a los otros,
a todos los que son los otros,
recordar,
sin urgencias,
que uno es el preso.

Y a partir de allí...
liberarse.

Para entender la dependencia, vale la pena empezar a pensarnos de alguna manera liberados y de muchas maneras prisioneros. En este "casi ser y casi no ser" que evoca el poeta, pensarnos desde la pregunta: ¿Qué sentido y qué importancia le dará cada uno de nosotros al hecho de depender o no de otros?

Retomo aquí el lugar donde una vez abandoné una idea, que definí con una palabra inventada: Autodependencia.
¿No había ya suficientes palabras que incluyeran la misma raíz?

Dependencia
Co-dependencia
Inter-dependencia
In-dependencia

¿Hacía falta una más?
Creo que sí.

La palabra *dependiente* deriva de *pendiente*, que quiere decir literalmente *que cuelga* (de *pendere*), que está suspendido desde arriba, sin base, en el aire.
Pendiente significa también incompleto, inconcluso, sin resolver. Si es masculino designa un adorno, una alhaja que se lleva colgando como decoración. Si es femenino define una inclinación, una cuesta hacia abajo presumiblemente empinada y peligrosa.

Con todos estos significados y derivaciones no es raro que la palabra *dependencia* evoque en nosotros estas imágenes que usamos como definición:

Dependiente es aquel que se cuelga de otro, que vive como suspendido en el aire, sin base, como si fuera un adorno que ese otro lleva. Es alguien que está cuesta abajo, permanentemente incompleto, eternamente sin resolución.

Había una vez un hombre que padecía de un miedo absurdo, temía perderse entre los demás. Todo empezó una noche, en una fiesta de disfraces, cuando él era muy joven. Alguien había sacado una foto en la que aparecían en hilera todos los invitados. Pero al verla, él no se había podido reconocer. El hombre había elegido un disfraz de pirata, con un parche en el ojo y un pañuelo en la cabeza, pero muchos habían ido disfrazados de un modo similar. Su maquillaje consistía en un fuerte rubor en las mejillas y un poco de tizne simulando un bigote, pero disfraces que incluyeran bigotes y mofletes pintados había unos cuantos. Él se había divertido mucho en la fiesta, pero en la foto todos parecían estar muy divertidos. Finalmente recordó que al momento de la foto él estaba del brazo de una rubia, entonces intentó ubicarla por esa referencia; pero fue inútil: más de la mitad de las mujeres eran rubias y no pocas se mostraban en la foto del brazo de piratas.

El hombre quedó muy impactado por esta vivencia y, a causa de ello, durante años no asistió a ninguna reunión por temor a perderse de nuevo.

Pero un día se le ocurrió una solución: cualquiera fuera el evento, a partir de entonces, él se vestiría siempre de marrón. Camisa marrón, pantalón marrón, saco marrón, medias y zapatos marrones. "Si alguien saca una foto, siempre podré saber que el de marrón soy yo", se dijo.

Con el paso del tiempo, nuestro héroe tuvo cientos de oportunidades para confirmar su astucia: al toparse con los espejos de las grandes tiendas, viéndose reflejado junto a otros que caminaban por allí, se repetía tranquilizador: "Yo soy el hombre de marrón".

Durante el invierno que siguió, unos amigos le regalaron un pase para disfrutar de una tarde en una sala de baños de vapor. El hombre aceptó gustoso; nunca había estado en un sitio como ese y había escuchado de boca de sus amigos las ventajas de la ducha escocesa, del baño finlandés y del sauna aromático.

Llegó al lugar, le dieron dos toallones y lo invitaron a entrar en un pequeño box para desvestirse. El hombre se quitó el saco, el pantalón, el pulóver, la camisa, los zapatos, las medias... y cuando estaba a punto de quitarse los calzoncillos, se miró al espejo y se paralizó. "Si me quito la última prenda, quedaré desnudo como los demás", pensó. "¿Y si me pierdo? ¿Cómo podré identificarme si no cuento con esta referencia que tanto me ha servido?"

Durante más de un cuarto de hora se quedó en el box con su ropa interior puesta, dudando y pensando si debía irse... Y entonces se dio cuenta que, si bien no podía permanecer vestido, probablemente pudiera mantener alguna señal de identificación. Con mucho cuidado quitó una hebra del pulóver que traía y se la ató al dedo mayor de su pie derecho. "Debo recordar esto por si me pierdo: el que tiene la hebra marrón en el dedo soy yo", se dijo.

Sereno ahora, con su credencial, se dedicó a disfrutar del vapor, los baños y un poco de natación, sin notar que entre idas y zambullidas la lana resbaló de su dedo y quedó flotando en el agua de la piscina. Otro hombre que nadaba cerca, al ver la hebra en el agua le comentó a su amigo: "Qué casualidad, éste es el color que siempre quiero describirle a mi esposa para que me teja una bufanda; me voy a llevar la hebra para que busque la lana del mismo color". Y tomando la hebra que flotaba en el agua, viendo que no tenía dónde guardarla, se le ocurrió atársela en el dedo mayor del pie derecho.

Mientras tanto, el protagonista de esta historia había terminado de probar todas las opciones y llegaba a su box para vestirse. Entró confiado, pero al terminar de secarse, cuando se miró en el espejo, con horror advirtió que estaba totalmente desnudo y que no tenía la hebra en el pie. "Me perdí", se dijo temblando, y salió a recorrer el lugar en busca de la hebra marrón que lo identificaba. Pocos minutos después, observando detenidamente en el piso, se encontró con el pie del otro hombre que llevaba el trozo de lana marrón en su dedo. Tímidamente se acercó a él y le dijo: "Disculpe señor. Yo sé quién es usted, ¿me podría decir quién soy yo?"

Y aunque no lleguemos al extremo de depender de otros para que nos digan quiénes somos, estaremos cerca si renunciamos a nuestros ojos y nos vemos solamente a través de los ojos de los demás. Depender significa literalmente entregarme voluntariamente a que otro me lleve y me traiga, a que otro arrastre mi conducta según su voluntad y no según la mía. La dependencia es para mí una instancia siempre oscura y enfermiza, una alternativa que, aunque quiera ser justificada por miles de argumentos, termina conduciendo irremediablemente a la imbecilidad.

La palabra *imbécil* la heredamos de los griegos (*im*: con, *báculo*: bastón), quienes la usaban para llamar a aquellos que vivían apoyándose sobre los demás, los que dependían de alguien para poder caminar.

Y no estoy hablando de individuos transitoriamente en crisis, de heridos y enfermos, de discapacitados genuinos, de débiles mentales, de niños ni de jóvenes inmaduros. Estos viven, con toda seguridad, dependientes, y no hay nada de malo ni de terrible en esto, porque naturalmente no tienen la capacidad ni la posibilidad de dejar de serlo.

Pero aquellos adultos sanos que sigan eligiendo depender de otros se volverán, con el tiempo, imbéciles sin retorno. Muchos de ellos han sido educados para serlo, porque hay padres que liberan y padres que imbecilizan.

Hay padres que invitan a los hijos a elegir devolviéndoles la responsabilidad sobre sus vidas a medida que crecen, y también padres que prefieren estar siempre cerca "Para ayudar", "Por si acaso", "Porque él (cuarenta y dos años) es tan ingenuo" y "Porque ¿para qué está la plata que hemos ganado si no es para ayudar a nuestros hijos?".

Esos padres morirán algún día y esos hijos van a terminar intentando usarnos a nosotros como el bastón sustituyente.

No puedo justificar la dependencia porque no quiero avalar la imbecilidad.

Siguiendo el análisis propuesto por Fernando Savater[2], existen distintas clases de imbéciles.

Los imbéciles intelectuales, que son aquellos que creen que no les da la cabeza (o temen que se les gaste si la usan) y entonces le preguntan al otro: ¿Cómo soy? ¿Qué tengo que hacer? ¿Adónde tengo que ir? Y cuando tienen que tomar una decisión van por el mundo preguntando: "Vos ¿qué harías en mi lugar?". Ante cada acción construyen un equipo de asesores para que piense por ellos. Como en verdad creen que no pueden pensar, depositan su capacidad de pensar en los otros, lo cual es bastante inquietante. El gran peligro es que a veces son confundidos con la gente genuinamente considerada y amable, y pueden terminar, por confluyentes, siendo muy populares. (Quizás deba dejar aquí una sola advertencia: Jamás los votes.)

Los imbéciles afectivos son aquellos que dependen todo el tiempo de que alguien les diga que los quiere, que los ama, que son lindos, que son buenos.

Son protagonistas de diálogos famosos:

—*¿Me querés?*
—*Sí, te quiero...*

—*¿Te molestó?*
—*¿Qué cosa?*
—*Mi pregunta.*
—*No, ¿por qué me iba a molestar?*
—*Ah... ¿Me seguís queriendo?*

(¡Para pegarle!)

Un imbécil afectivo está permanentemente a la búsqueda de otro que le repita que nunca, nunca, nunca lo va a dejar de querer. Todos sentimos el deseo normal de ser queridos por la persona que amamos, pero otra cosa es vivir para confirmarlo.

Los varones tenemos más tendencia a la imbecilidad afectiva que las mujeres. Ellas, cuando son imbéciles, tienden a serlo en hechos prácticos, no afectivos[3].

Tomemos mil matrimonios separados hace tres meses y observemos su evolución. El 95% de los hombres está con otra mujer, conviviendo o casi. Si hablamos con ellos dirán:

—*No podía soportar llegar a mi casa y encontrar las luces apagadas y nadie esperando. No aguantaba pasar los fines de semana solo.*

El 99% de las mujeres sigue viviendo sola o con sus hijos. Hablamos con ellas y dicen:

—*Una vez que resolví cómo hacer para arreglar la canilla y que acomodé el tema económico, para qué quiero tener un hombre en mi casa, ¿para que me diga "traéme las pantuflas, mi amor"? De ninguna manera.*

Ellas encontrarán pareja o no la encontrarán, desearán, añorarán y querrán encontrar a alguien con quien compartir algunas cosas, pero muy difícilmente acepten a cualquiera para no sentir la desesperación de "la luz apagada". Eso es patrimonio masculino.

Y por último...

Los imbéciles morales, sin duda los más peligrosos de todos. Son los que necesitan permanentemente aprobación del afuera para tomar sus decisiones.

El imbécil moral es alguien que necesita de otro para que le diga si lo que hace está bien o mal, alguien que todo el tiempo está pendiente de si lo que quiere hacer corresponde o no corresponde, si es o no lo que el otro o la mayoría harían. Son aquellos que se la pasan haciendo encuestas sobre si tienen o no tienen que cambiar el auto, si les conviene o no comprarse una nueva casa, si es o no el momento adecuado para tener un hijo.

Defenderse de su acoso es bastante difícil; se puede probar no contestando a sus demandas sobre, por ejemplo, cómo se debe doblar el papel higiénico; sin embargo, creo que mejor es... huir.

Cuando alguno de estos modelos de dependencia se agudiza y se deposita en una sola persona del entorno, el individuo puede llegar a creer sinceramente que no podría subsistir sin el otro. Por lo tanto, empieza a condicionar cada conducta a ese vínculo patológico al que siente a la vez como su salvación y su calvario. Todo lo que hace está inspirado, dirigido, producido o dedicado a halagar, enojar, seducir, premiar o castigar a aquel de quien depende.

Este tipo de imbéciles son los individuos que modernamente la psicología llama **COdependientes**.

Un codependiente es un individuo que padece una enfermedad similar a cualquier adicción, diferenciada sólo por el hecho (en realidad menor) de que su "droga" es un determinado tipo de personas o una persona en particular.

Exactamente igual que cualquier otro síndrome adictivo, el codependiente es portador de una personalidad proclive a las adicciones y puede, llegado el caso, realizar actos casi (o francamente) irracionales para proveerse "la droga". Y como sucede con la mayoría de las adicciones, si se viera bruscamente privado de ella podría caer en un cuadro, a veces gravísimo, de abstinencia.

La codependencia es el grado superlativo de la dependencia enfermiza. La adicción queda escondida detrás de la valoración amorosa y la conducta dependiente se incrusta en la personalidad como la idea: "No puedo vivir sin vos".

Siempre alguien argumenta:

—...*Pero, si yo amo a alguien, y lo amo con todo mi corazón, ¿no es cierto acaso que no puedo vivir sin él?*

Y yo siempre contesto:

—*No, la verdad que no.*

La verdad es que siempre puedo vivir sin el otro, <u>siempre</u>, y hay dos personas que deberían saberlo: yo y el otro. Me parece horrible que alguien piense que yo no puedo vivir sin él y crea que si decide irse me muero... Me aterra la idea de convivir con alguien que crea que soy imprescindible en su vida.

Estos pensamientos son siempre de una manipulación y una exigencia siniestras.

El amor siempre es positivo y maravilloso, nunca es negativo, pero puede ser la excusa que yo utilizo para volverme adicto.

Por eso suelo decir que el codependiente no ama; él necesita, él reclama, él depende, pero no ama.

Sería bueno empezar a deshacernos de nuestras adicciones a las personas, abandonar estos espacios de dependencia y ayudar al otro a que supere los propios.

Me encantaría que la gente que yo quiero me quiera;

pero si esa gente no me quiere, me encantaría que me lo diga y se vaya (o que no me lo diga pero que se vaya). Porque no quiero estar al lado de quien no quiere estar conmigo...

Es muy doloroso. Pero siempre será mejor que si te quedaras engañándome.

Dice Antonio Porchia en su libro *Voces*:
"Han dejado de engañarte, no de quererte, y sufres como si hubiesen dejado de quererte".

Claro, a todos nos gustaría evitar la odiosa frustración de no ser queridos. A veces, para lograrlo, nos volvemos neuróticamente manipuladores: Manejo la situación para poder engañarme y creer que me seguís queriendo, que seguís siendo mi punto de apoyo, mi bastón.

Y empiezo a descender. Me voy metiendo en un pozo cada vez más oscuro buscando la iluminación del encuentro.

El primer peldaño es intentar transformarme en una necesidad para vos.

Me vuelvo tu proveedor selectivo: te doy todo lo que quieras, trato de complacerte, me pongo a tu disposición para cualquier cosa que necesites, intento que dependas de mí. Trato de generar una relación adictiva, reemplazo mi deseo de ser querido por el de ser necesitado. Porque ser necesitado se parece tanto a veces a ser querido... Si me necesitás, me llamás, me pedís, me delegás tus cosas y hasta puedo creer que me estás queriendo.

Pero a veces, a pesar de todo lo que hago para que me necesites, vos no parecés necesitarme. ¿Qué hago? Bajo un escalón más.

Intento que me tengas lástima...

Porque la lástima también se parece un poco a ser querido...

Así, si me hago la víctima (*Yo que te quiero tanto... y vos que no me querés...*), quizás...

Este camino se transita demasiado frecuentemente. De hecho, de alguna manera todos hemos pasado por este jueguito. Quizá no tan insistentemente como para dar lástima, pero quién no dijo:

"¡Cómo me hacés esto a mí!"

"Yo no esperaba esto de vos, estoy tan defraudado... estoy tan dolorido..."

"No me importa si vos no me querés... yo sí te quiero".

Pero la bajada continúa...

¿Y si no consigo que te apiades de mí? ¿Qué hago? ¿Soporto tu indiferencia?...

¡Jamás!

Si llegué hasta aquí, por lo menos voy a tratar de conseguir que me odies.

A veces uno se saltea alguna etapa... baja dos escalones al mismo tiempo y salta de la búsqueda de volverse necesario directamente al odio, sin solución de continuidad. Porque, en verdad, lo que no soporta es la indiferencia.

Y sucede que uno se topa con gente mala, tan mala que... ¡ni siquiera quiere odiarnos! Qué malas personas, ¿verdad?

Quiero que aunque sea me odies y no lo consigo.

Entonces... Estoy casi en el fondo del pozo. ¿Qué hago?

Dado que dependo de vos y de tu mirada, haría cualquier cosa para no tener que soportar tu indiferencia. Y muchas veces bajo el último peldaño para poder tenerte pendiente:

Trato de que me tengas miedo.

Miedo de lo que puedo llegar a hacer o hacerme (fantaseando dejarte culpable y pensándome...)[4].

Podríamos imaginar a Glenn Close diciéndole a Michael Douglas en la película "Atracción fatal":

—*Si no pude conseguir sentirme querida ni necesitada, si te negaste a tenerme lástima y ocuparte de mí por piedad, si ni siquiera conseguí que me odies, ahora vas a tener que notar mi presencia, quieras o no, porque a partir de ahora voy a tratar de que me temas.*

Cuando la búsqueda de tu mirada se transforma en dependencia, el amor se transforma en una lucha por el poder. Caemos en la tentación de ponernos al servicio del otro, de manipular un poco su lástima, de darle bronca y hasta de amenazarlo con el abandono, con el maltrato o con nuestro propio sufrimiento...

Volveremos a hablar de este tema cuando lleguemos a *El camino del encuentro*, pero me parece importante dejar escrito aquí que, sin importar la gravedad de este cuadro, sucede con él lo mismo que con las restantes adicciones:

Tomando como única condición el deseo sincero de superar la adicción, la codependencia se trata y se cura.

La propuesta es:

Abandonar TODA dependencia

Esta no es ninguna originalidad, todos los colegas, maestros, gurúes y filósofos del mundo hablan de esto. El problema es: ¿Hacia dónde abandonarla?

Los colegas han encontrado una solución, la **INTERdependencia**. En la interdependencia yo dependo de vos y vos dependés de mí.

Esta solución es, como mínimo, desagradable. Y de máxima, una elección del mal menor, una especie de terapia de sustitución. No me gusta cómo "soluciona" la interdependencia. Puede ser más sana o más enfermiza, pero de todos modos es un premio consuelo, porque equivale a pensar que si bien yo dependo de vos, como vos también dependés de mí, no hay problema porque estamos juntos.

Siempre digo que los matrimonios del mundo se dividen en dos grandes grupos: aquellos donde ambos integrantes quieren haber sido elegidos una vez y para siempre, y aquellos a los que nos gusta ser elegidos todos los días, estar en una relación de pareja donde el otro siga sintiendo que te vuelve a elegir. No por las mismas razones, pero te vuelve a elegir.

La interdependencia parece generar lazos indisolubles que se sostienen porque dependo y dependés, y no desde la elección actualizada de cada uno. Porque los interdependientes son dependientes; y cuando uno depende, ya no elige más...

Así que, aparentemente, sólo queda una posibilidad: La **INdependencia**.

Independencia quiere decir simplemente llegar a no depender de nadie. Y esto sería maravilloso si no fuera porque implica una mentira: nadie es independiente.

La independencia es una meta inalcanzable, un lugar utópico y virtual hacia el cual dirigirse, que no me parece mal como punto de dirección, pero que hace falta mostrar como imposible para no quedarnos en una eterna frustración.

¿Por qué es imposible la independencia?

Porque para ser independiente habría que ser autosuficiente, y nadie lo es. Nadie puede prescindir de los demás en forma permanente.

Necesitamos de los otros, irremediablemente, de muchas y diferentes maneras.

Ahora bien. Si la independencia es imposible... la codependencia es enfermiza... la interdependencia no es solución... y la dependencia no es deseable... ¿entonces qué? Entonces, yo inventé una palabra:

Autodependencia

CAPÍTULO 2. ORIGEN

E l bebé humano recién nacido es el ser vivo más frágil, dependiente y vulnerable que existe en la creación. Cualquier otra criatura viva, desde los unicelulares hasta los animales más avanzados, tiene una pequeña posibilidad de sobrevida cuando nace si no está la mamá o el papá para hacerse cargo.

Desde los insectos, que son absolutamente autodependientes cuando nacen, hasta los mamíferos más desarrollados, que a las pocas horas de nacer pueden ponerse en pie y buscar la teta de la propia madre o caminar hasta encontrar otra, todos tienen una posibilidad, aunque sea una en mil.

Las tortugas de mar desovan fuera del agua. Las madres recorren con enorme dificultad y torpeza doscientos metros por la playa, ponen centenares de huevos entre la arena y se van. Cuando las tortuguitas nacen, muchas se pierden intentando llegar hasta el agua, son devoradas por las aves y los reptiles o se calcinan al sol... Sólo una o dos de cada mil sobrevive.

Un bebé humano no tiene ni siquiera una posibilidad en un millón, es <u>absolutamente</u> dependiente.

La solución que la naturaleza encontró para resolver esta dependencia absoluta de los humanos fue crear una relación donde difícilmente los padres puedan abandonar a los hijos. El instinto o el amor (prefiero pensar en el amor) nos lleva a sentir a estos "cachorros" como parte de nosotros; dejarlos sería una mutilación, sería como decidir renunciar a una parte de nuestro propio cuerpo.

Esto protege a los bebés humanos recién nacidos del abandono de los padres y asegura que haya alguien a su cuidado.

Pero este mecanismo no sólo aporta seguridad, también genera problemas.

Cuando un hombre y una mujer deciden transformarse en una familia teniendo un hijo, están estableciendo una responsabilidad respecto de lo que sigue, pero además están generando un irremediable conflicto que deberán resolver.

Están decidiendo traer al mundo un ser vivo al que sentirán como si fuera una prolongación suya, literalmente, sabiendo a la vez que esa cría será un ser íntegro y separado del vínculo de la pareja que prepara desde su nacimiento su partida.

A los padres esto no nos resulta nada fácil. Porque nunca es fácil ser el carcelero y el libertador. No se quiere a un hijo como se quiere a los otros. Con Claudia me pasan cosas que con el resto de las personas no me pasan. No sólo la quiero más que a nadie en el mundo, sino que la quiero de una manera diferente, como si fuera una parte de mí.

Los hijos son en muchos sentidos una excepción.

Esta sensación de que el otro es una prolongación mía puede ser muy buena para ese bebé en los primeros tiempos, motivándome a cuidarlo y protegerlo; porque en realidad el hijo fue concebido desde los deseos de los padres y por lo tanto la decisión es producto de una vivencia bastante autorreferencial.

Un día, a los trece años, el otro de mis amores, mi hijo Demián, pesca en casa un libro de psicología y se pone a leerlo. Entonces viene y me dice:

"Papi, ¿es verdad que los hijos somos producto de una insatisfacción de los padres?"...

Cuando Demián me hizo esta pregunta, yo me di cuenta que el libro tenía razón. Porque si uno estuviera totalmente satisfecho con su vida, si todo lo que tiene fuera suficiente, si uno no sintiera el deseo de trascender teniendo hijos o el deseo de realizarse como padre y como familia, si uno no tuviera ese deseo personal... entonces, no tendría hijos.

Es este deseo insatisfecho —educado, pautado cultural o personalmente— lo que nos motiva a tener hijos.

Los hijos nacen por una decisión y un deseo nuestros, no por un deseo de ellos. Por eso, cuando los adolescentes se enojan y nos dicen: *"Yo no te pedí nacer"*, parece una estupidez, pero es la verdad.

La vivencia de ser uno con los hijos puede, como dije, tener una función positiva para ellos durante los primeros años de vida, pero es nefasta para su futuro. Porque el niño recibe esto, percibe que es tratado como si fuera un pedazo de otro, pero no siente que lo sea.

Y a los padres nos cuesta.

Queremos retenerlos, eternizar el cordón que los une a nosotros.

Contamos para eso con la experiencia, el poder, la fuerza, el dinero y, sobre todo, el saber.

Porque siempre creemos que sabemos más que ellos.

—*Papi... papi... Estuve con Huguito, que viene de pelearse con su papá...*

—*¿Y por qué se peleó con su papá?*

—*Porque el papá de Huguito dice que él sabe más que Huguito...*

—*Sí... hijo. El papá de Huguito sabe más que Huguito.*

—*¿Y cómo sabés vos, si no lo conocés al papá de Huguito?*

—*Bueno, porque es el padre, hijo, y el padre sabe más que el hijo.*

—*¿Y por qué sabe más que el hijo?*

—*Y... ¡porque es el papá!*

—*¿Qué tiene que ver?*

—*Bueno, hijo, el papá ha vivido más años... ha leído más... ha estudiado más... Entonces sabe más que el hijo.*

—*Ah... ¿Y vos sabés más que yo?*

—*Sí.*

—*¿Y todos los padres saben más que los hijos?*

—*Sí.*

—*¿Y siempre es así?*

—*Sí.*

—*¿Y siempre va a ser así?*

—*Sí, hijo, ¡siempre va a ser así!*

—*¿Y la mamá de Martita sabe más que Martita?*

—*Sí, hijo. La mamá de Martita sabe más que Martita...*

—*Decime papá, ¿quién inventó el teléfono?*

El padre lo mira con suficiencia y le dice:

—*El teléfono, hijo, lo inventó Alexander Graham Bell.*

—*¿Y por qué no lo inventó el padre de él que sabía más?*

¿Será cierto que sabemos más que nuestros hijos?

A veces sí y a veces no.

En el mejor de los casos, intentamos capacitar a nuestros hijos para entrenarlos a resolver problemas que nunca van a tener. Porque van a tener otros... ¡que nosotros ni siquiera pudimos imaginar!

Los padres no vamos a vivir en el mundo de nuestros hijos. Nosotros hemos vivido en el nuestro.

Las enseñanzas que nos daban nuestros padres y las que

nuestros abuelos les daban a ellos servían porque el mundo era más o menos parecido. El mundo en el que vivieron mis tatarabuelos era muy parecido al mundo en el que vivieron mis bisabuelos.

Lo que mi tatarabuelo había aprendido a mi bisabuelo le servía. Lo que mi abuelo aprendió le sirvió más o menos a mi papá. Lo que mi papá aprendió a mí me sirvió bastante. Pero lo que yo aprendí a mi hijo le va a servir muy poco.

Y quizás, lo que mi hijo aprenda a mi nieto no le sirva para nada...

Suceden cosas muy interesantes en el mundo en el que vivimos.

Como dice mi mamá, "los chicos vienen cada vez más inteligentes". Y es verdad.

Hace treinta años, en neonatología los índices de maduración normales del bebé para el sostenimiento de la cabeza oscilaban entre los ocho y los diez días. Hoy la mayoría de los bebés nace pudiendo sostener la cabeza.

Los chicos nacen más maduros, a las tres semanas de vida tienen reflejos que antes aparecían a los dos o tres meses. Tienen una capacidad de aprendizaje que nosotros, cuando nacimos hace cincuenta años, no teníamos porque era normal no tenerla.

Cuando llevo a mi sobrinito de cinco años a las máquinas de videojuegos en Mar del Plata, entra al salón y dice:

—¡Uy, una máquina nueva!

Entonces compra tres fichas, pone una, juega un poquito y pierde enseguida. Yo le digo:

—¿Perdiste?

—Sí, sí, esperá un poquito.

Pone otra, y a la tercera ficha sabe jugar. Pero sabe jugar absolutamente. ¿Cómo aprendió?

No se sabe.

—¿Y? ¿Cómo es? —le pregunto.

—Yo soy ese petiso de barba con el hacha en la mano, si aprieto este botón tira unos rayos y tengo que salvar a la princesa...

Yo estuve al lado suyo viendo cómo él aprendía ¡y no entendí NADA de lo que hacía!

Entonces juego con él y me dice:

—¡Me estás pegando a mí, boludo!

No hay caso, por mucho que me esmero no entiendo nada.

Sienten a sus hijos en la computadora y van a ver cómo en diez minutos aprenden lo que a nosotros nos costó diez semanas darnos cuenta.

Ingenuamente, los padres siempre creemos que sabemos más acerca de las cosas que les convienen a nuestros hijos, qué es lo mejor para ellos.

A veces es cierto, pero no siempre.

Más allá de la estimulación, el material genético transmitido de padres a hijos también lleva información de aprendizaje.

Una parte del conocimiento adquirido en la vida se transmite a los hijos. Este material genético heredado conlleva información adicional que el hijo no tenía.

Ahora es como un enano subido a los hombros de un gigante. Es un enano, pero ve más lejos.

Nosotros aprendimos que la sabiduría no era dar pescado, sino enseñar a pescar. Esto no existe más, es antiguo.

Hoy en día si le enseño a pescar y le regalo la caña, quizás se muera de hambre, porque cuando sea grande no habrá un solo pez que se pesque con esta caña que le regalé.

Sin embargo, algo puedo hacer por él.

Puedo enseñarle a ser capaz de crear su propia caña, su propia red. Puedo sugerirle a mi hijo que diseñe su propia modalidad de pescar. Para eso tengo que admitir con humildad que la enseñanza de cómo yo pescaba no le va a servir más.

> **Nuestros hijos van a tener problemas**
> **que nosotros nunca tuvimos.**

Esta incapacidad de los padres para entrenar a sus hijos en los problemas que van a tener se fue instituyendo en el mundo durante el siglo XX y motivó gran parte de los problemas de la relación entre padres e hijos.

Hacia fines de siglo, la psicología al servicio de la gente prácticamente no existía, pero sí la pedagogía, que es la ciencia de la educación.

Sobre las relaciones de las parejas con sus hijos, en un congreso sobre pedagogía y matrimonio realizado en Francia en el año 1894, uno de los conferenciantes expone que sobre finales del siglo XIX las parejas con hijos se encuentran tan inseguras de sí mismas y viven con tanto miedo al futuro que tienden a proteger a sus hijos de los problemas que puedan tener. Pero esa tendencia es muy peligrosa, porque si los padres hacen esto, si protegen a los hijos de todos los peligros, los hijos nunca van a aprender a resolver los problemas por sí mismos. Como consecuencia, si esto sigue así —concluye el pedagogo— hacia fin del siglo XX tendremos un montón de adultos con infancias y adolescencias maravillosas, pero adulteces penosas y terribles.

Este pronóstico, concebido hace más de cien años, es exacto.

Los padres, sobre todo los de la segunda mitad del siglo XX, hemos desarrollado una conducta demasiado cuidadosa y protectora de nuestros hijos que, lejos de capacitarlos para que resuelvan sus conflictos y dificultades, ha conseguido que tengan una infancia y una adolescencia llenas de facilidades, pero que no necesariamente es una buena ayuda para que ellos aprendan a resolver sus problemas.

Más allá de todas las faltas, nosotros, los que ya pasamos los cuarenta, tenemos un mérito, les hemos dado a nuestros hijos algo novedoso: les hemos permitido la rebeldía.

Nosotros venimos de una estructura familiar donde no se nos permitía ser rebeldes.

Mi viejo, amoroso, y mi vieja, divina, decían: *"Callate, mocoso"*. Y la frase aprendida que justificaba su actitud era: *"Cuando vos tengas tu casa harás lo que quieras, acá mando yo"*. En cambio, lo primero que mis hijos aprendieron a decir antes de decir *"papá"* fue: *"¿Y por qué?"*

Cuestionaban todo. Y siguen cuestionando.

Nosotros les enseñamos esta rebeldía.

Esta rebeldía es la causante de gran parte del cambio, de la incertidumbre, pero también de la posibilidad de salvarse de nosotros. Salvarse de nuestra manía de querer encajarles nuestra manera de ver las cosas.

Ellos se van a salvar por medio de la rebeldía que ellos no se ganaron, nosotros se la enseñamos.

Ese es nuestro gran mérito. Y esto va a cambiar el mundo.

Más o menos rebelde cuando crezco, en algún momento entre los veinte y los veintisiete años me doy cuenta que no voy a tener para siempre una mamá que me dé de comer, un papá que me cuide, una persona que decida por mí...

Me doy cuenta que no me queda más remedio que hacerme cargo de mí mismo. Me doy cuenta que tengo que dejar el origen de todo...

Separarme de la pareja de mis padres y dejar la casa, ese lugar de seguridad y protección.

Cuando nosotros éramos chicos, la adolescencia empezaba a los trece y terminaba a los veintidós. Hoy, la adolescencia comienza entre los diez y los doce y termina... entre los veinticinco y los veintisiete. (Pobrecitos... ¡quince años de adolescencia!)

La adolescencia es un lugar maravilloso en muchos aspectos, pero también es una etapa de sufrimiento.

Sobre el misterio de la prolongación de la adolescencia cualquier idiota tiene una teoría. Yo también. Así que voy a contar la mía.

TEORÍA DE LOS TRES TERCIOS

Imaginemos que cada uno recibe una parcela abandonada de tierra llena de maleza. Sólo tenemos agua, alimentos, herramientas, pero ningún libro disponible, ningún viejo que sepa cómo se hace. Nos dan semillas, elementos de labranza y nos dicen: Van a tener que comer de lo que saquen de la tierra.

¿Qué es lo que haríamos para poder alimentarnos y alimentar a nuestros seres queridos?

Lo primero que haríamos sería desmalezar, preparar la tierra, removerla, airearla... y hacer surcos para sembrar.

Luego sembramos y esperamos... Poniendo un tutor,

cuidando que las plantitas se vayan haciendo grandes, prote-giéndolas para, un buen día, cosechar.

La vida del ser humano es igual.
La vida del ser humano está dividida en tres tercios:

1 / *Tercio de preparar el terreno*
2 / *Tercio de crecimiento o expansión*
3 / *Tercio de cosecha*

¿QUÉ ES EL PRIMER TERCIO?

Preparar el terreno equivale a la infancia y la adoles-cencia.

Durante estos períodos, lo que uno tiene que hacer en su vida es preparar el terreno, desmalezar, abonar, airear, preparar todo para la siembra.

¡Qué error sería querer cosechar antes de desmalezar! Cosecharíamos basura, no serviría para nada.

¿QUÉ ES EL SEGUNDO TERCIO?

El *crecimiento o expansión* equivale a la juventud y la adultez.

Habrá entonces que plantar la semilla, regarla, cuidarla, hacerla crecer. Este es el tercio de la siembra, del desarrollo.

¡Qué error sería desmalezar y seguir preparando el te-rreno cuando es el tiempo de sembrar!

¡Qué error sería querer cosechar cuando uno está sem-brando!

No cosecharía nada. Cada cosa hay que hacerla en su tiempo.

¿QUÉ ES EL TERCER TERCIO?

La *cosecha* equivale a la madurez.

¡Qué error sería en tiempo de cosecha querer seguir sembrando! ¡Qué error sería, cuando uno tiene que cosechar, ocuparse de hacer crecer y de engrandecer!

Porque este es el tiempo de la recolección, la hora de recoger los frutos.

Y si no se cosecha en este tiempo, no se cosecha nunca.

¿Cuánto dura cada tercio?

Lógicamente, esto depende del tiempo que va a durar nuestra vida.

Cuando nuestros ancestros vivían entre treinta y cinco y cuarenta años, como promedio y con toda la suerte, entonces un tercio era trece años[5]. La juventud y la adultez se desarrollaban entre los doce y los dieciocho años, y la madurez se alcanzaba a los veinticinco.

Cuando a principios de siglo nacieron nuestros padres, la expectativa de vida era de sesenta años. Así, la duración de los tercios se fue modificando.

Cuando uno deja de ser un adolescente, les dice (o sería bueno que les dijera) a sus padres:

"A partir de ahora dedíquense a ustedes, porque de mí me ocupo yo."

Uno tiene que aprender a hacerse cargo de sí mismo, aprender a responsabilizarse de uno, aprender la autodependencia.

Aquellos hijos que no terminan de deshacerse, que se quedan prendidos de los padres sin animarse a subir al trampolín y saltar, en parte lo hacen por una responsabilidad de los padres, que no supieron enseñarles a hacerlo, y en parte por una responsabilidad de ellos.

Los padres tendrán que mostrar a estos hijos, aunque sea tardíamente, que deben soltarse, que uno no está para siempre.

Con mucho amor y mucha ternura, estos padres deberán entornar la puerta y... pegarles una patada en el culo.

Porque en algún momento los padres tienen que aprender a hacer esto si es que los hijos no lo hacen.

Habitualmente, los hijos aprenden y se van solos... Pero si no lo hacen, lamentablemente, en beneficio de ellos y nuestro, será bueno empujarlos a que abandonen esa dependencia.

Estoy harto de ver y escuchar a padres de mucha edad que han generado pequeños ahorros o situaciones de seguridad con esfuerzo durante toda su vida para su vejez, y que hoy tienen que dilapidarlos a manos de hijos inútiles, inservibles y tarambanas, que además tienen actitudes exigentes respecto de los padres:

"Me tenés que ayudar porque sos mi papá..."
"Tenés que vender todo porque todo lo que tenés también es mío..."

Es hora de que los padres sepan las limitaciones que tiene esta historia de su deseo.

A veces uno puede ayudar a sus hijos porque quiere, y está muy bien. Pero hay que comprender que nuestra obligación terminó.

Qué importante sería ayudar a nuestros hijos a transitar espacios de libertad.

Qué importante sería ayudarlos hasta que ellos sean adultos, y después...

Q. S. J.

¿Qué quiere decir Q. S. J.?

Que se jodan.

Y si no han sabido administrar lo que les dejaron, y si no han podido vivir con lo que obtuvieron, y si no saben cómo hacer para ganarse la plata que quieren, díganles que pasen a buscar un sándwich cada mañana...

La historia de generar la dependencia infinita es siniestra.

Me parece a mí que hay un momento para devolver a los hijos la responsabilidad que tienen sobre sus propias vidas, y que uno tiene que quedarse afuera, ayudando lo que quiera, hasta donde quiera y hasta donde sea conveniente ayudar.

A veces no es conveniente ayudar todo lo que uno puede, al máximo, arruinándose la propia vida para ayudarlos a ellos.

Me parece que no.

A mí me encantaría saber que mis hijos van a poder manejarse cuando yo no esté. Me encantaría. Y por eso quiero que lo hagan antes que me muera, para verlo.

Para que pueda, en todo caso, morirme tranquilo, con la sensación de la tarea cumplida.

Una vez, caminando por la Rambla, encontré en una librería de viejo (unas de esas librerías que venden libros usados, viejos y discontinuados) un libro titulado: *Crecer jugando*, de una escritora marplatense que, creo recordar, se llama Inés Barredo. Lo compré porque leí las dos primeras páginas y me pareció espectacular (confieso que el resto del libro no me pareció tan espectacular, pero ese comienzo me marcó). Fue como eso de estar preparado para que algo suceda y sucede justo cuando uno está preparado.

El libro decía algo así: *Cuando cumplí 9 años estaba muy preocupada por saber cuál era el cambio que se iba a producir en mi cuerpo entre los 8 y los 9. Así que me levanté temprano el día de mi cumpleaños para ir corriendo al espejo y ver cómo había cambiado. Y me sorprendí porque no había cambiado nada, fue una gran defraudación. De modo que fui a preguntarle a mi mamá a qué hora había nacido yo y ella me informó que había nacido a las cuatro y veinte. Así fue que desde las cuatro hasta las cinco me quedé clavada frente al espejo mirándome para que se operara el cambio de los 8 a los 9, pero el cambio no se produjo. Concluí entonces que quizás no habría cambio de los 8 a los 9, quizás el cambio sucediera de los 9 a los 10. Entonces esperé ansiosamente un año. Y la noche anterior al día que iba a cumplir 10, me quedé despierta; no dormí ni un poquito y me quedé frente al espejo para ver cómo amanecía. Y no noté nada. Empecé a pensar que la gente no crecía, y que todo eso era mentira, pero... Veía las fotos de mi mamá cuando era chica, y eso quería decir que ella había sido como yo alguna vez y se había vuelto grande. Y entonces, no podía explicarme cuándo sucedería ese cambio. Hasta que un día —dice la autora en la segunda página de su libro— me di cuenta de cuál era el secreto. Cuando yo cumplí nueve años, no dejé de tener ocho; cuando yo cumplí diez años, no dejé de tener nueve; cuando cumplimos quince, tenemos catorce, y doce, y once, y diez, y nueve, y ocho, y cinco, y... Cuando cumplimos setenta, tenemos sesenta y cincuenta, y cuarenta, y doce, y cinco, y tres, y uno.*

Cómo no conservar actitudes de aquellos que fuimos —digo yo— si en realidad siguen viviendo adentro de nosotros.

Seguimos siendo los adolescentes que fuimos, los niños que fuimos, los bebés que fuimos.

Anidan en nosotros los niños que alguna vez fuimos. Pero...

Estos niños pueden hacernos dependientes.

Este niño aparece y se adueña de mi personalidad:

Porque estoy asustado,
porque algo me pasa,
porque tengo una preocupación,
porque tengo miedo,
porque me perdí,
porque me perdí de mi vida...

Cuando esto sucede, la única solución es que alguien, un adulto, se haga cargo de mí. Por eso es que no creo en la independencia.

Porque no puedo negar ese niño que vive en mí.

Porque no creo que ese niño, en verdad, se pueda hacer cargo de sí mismo.

Creo, sí, que también hay un adulto en nosotros cuando somos adultos.

Él, y no otro adulto, se hará cargo del niño que hay en mí.

Esto es autodependencia.

CAPÍTULO 3. SIGNIFICADO

¿Qué quiere decir autodependencia?

Supongamos que yo quiero que Fernando me escuche, que me abrace, que esté conmigo porque hoy no me basto conmigo.

Y Fernando no quiere. Fernando no me quiere.

Entonces, en lugar de quedarme llorando, en lugar de manipular la situación para obtener lo que él no quiere darme, en lugar de buscar algún sustituto (que me necesite, que me tenga lástima, que me odie, que me tema), en lugar de ese recorrido, quizás pueda preguntarle a María Inés si no quiere quedarse conmigo.

Yo no me basto pero tampoco dependo de Fernando, sino de mí. Yo sé qué necesito y si él no quiere, quizás María Inés...

Esto es la autodependencia. Saber que yo necesito de los otros, que no soy autosuficiente, pero que puedo llevar esta necesidad conmigo hasta encontrar lo que quiero, esa relación, esa contención, ese amor...

Y si Fernando no tiene para mí lo que necesito, y si María Inés tampoco, quizás yo pueda seguir buscando hasta encontrarlo.

¿Donde sea?

Sí, donde sea.

Autodepender significa establecer que no soy omnipotente, que me sé vulnerable y que estoy a cargo de mí.

Yo soy el director de esta orquesta, aunque no pueda tocar todos los instrumentos. Que no pueda tocar todos los instrumentos no quiere decir que ceda la batuta.

Yo soy el protagonista de mi propia vida. Pero atención:

No soy el único actor, porque si lo fuera, mi película sería demasiado aburrida.

Así que soy el protagonista, soy el director de la trama, soy aquel de quien dependen en última instancia todas mis cosas, pero no soy autosuficiente.

No puedo estructurarme una vida independiente porque no soy autosuficiente.

**La propuesta es que yo me responsabilice,
que me haga cargo de mí, que yo termine adueñándome
para siempre de mi vida.**

Autodependencia significa dejar de colgarme del cuello de los otros. Puedo necesitar de tu ayuda en algún momento, pero mientras sea yo quien tenga la llave, esté la puerta cerrada o abierta, nunca estoy encerrado.

Y entonces, me olvido de todas las cosas que ya no me sirven (si la puerta está con llave, si Fernando está en Buenos Aires, si el actor que me secunda querrá o no filmar esta escena) y empiezo a transitar este espacio de autodependencia que significa:

Me sé dependiente, pero a cargo de esta dependencia estoy yo.

Autodependencia es, para mí, sinónimo de salud mental.

Del afuera necesito, por ejemplo, aprobación.

Todos necesitamos aprobación.

Pero cuando tenía cinco años, la única persona que me podía dar aprobación era mi mamá. No había ninguna otra persona que pudiera reemplazarla.

Una vez adulto, me di cuenta que si ella no me daba esta aprobación, otra persona podía hacerlo.

Puede suceder que algunas de las cosas que yo creo o disfruto, a mi esposa, con la que vivo hace veintisiete años, no le gusten...

Pero lo que debo hacer no es romperlas porque a ella no le gustan.

Quizás a otros sí les gusten.

Quizás pueda compartirlas con otra persona.

Quizás pueda aceptar que es suficiente con que me gusten a mí.

El hecho concreto de que a mí no me interese para nada el realismo mágico no quiere decir que mi esposa deba dejar de leer a su autor preferido.

En el peor de los casos, si ella quiere mantener conversaciones sobre los autores que le interesan y yo ni siquiera soporto hablar del tema, deberá buscarse alguna otra persona con quien compartir esas inquietudes.

Podrá ir a ver las películas de Richard Gere con alguien que no sea yo si es que a mí no me interesa Richard Gere.

No tendrá por qué someterse al martirio de acompañarme a la ópera si no le gusta, porque siempre puedo ir solo o invitar a Miguel o a Lita, a quienes sé que les gusta.

Esto significa ser autodependiente.

Autodependencia significa contestarse las tres preguntas existenciales básicas:

Quién soy, adónde voy y con quién.

Pero contestarlas en ese orden.

Cuidado con tratar de decidir adónde voy según con quién estoy. Cuidado con definir quién soy a partir de quién me acompaña.

Porque en ese camino nos vamos a encontrar con la historia de la pareja que está viajando por Europa en uno de esos tours "Ocho países en diez días" y cuando cruzan un puente sobre un río en medio de una hermosa ciudad, ella pregunta:

—*¿Qué ciudad es esta, viejo?*

Y él contesta:

—*¿Qué día es hoy?*

Ella dice:

—*Martes.*

Él cuenta con los dedos y finalmente informa:

—*Entonces es Bruselas.*

No nos sirve este esquema.

No puedo definir mi camino desde ver el tuyo y no debo definirme a mí por el camino que estoy recorriendo.

Voy a tener que darme cuenta: soy yo el que debe definir primero quién soy.

Al respecto, yo suelo decir que contestarse estas preguntas determina la diferencia entre un ser humano, un individuo o una persona.

Porque estos son tres conceptos diferentes.

Cuando nacemos todos somos seres humanos, es decir, pertenecientes al género humano. Como tales, somos todos iguales. A medida que crecemos, vamos desarrollando en nosotros parte de lo que traíamos como información genética, nuestro aspecto físico, nuestras fortalezas y nuestras debilidades, y una parte de nuestra forma de encarar la vida, es decir, nuestro temperamento[6].

Al nacer, sólo somos seres humanos. Este temperamento, que al principio es idéntico o parecido a millones de otros, con la experiencia, la historia personal, nos transforma en el individuo que cada uno de nosotros va a ser.

Individuo quiere decir indiviso, alude a la unidad que cada uno de nosotros es, pero también quiere decir único, en el sentido de especial.

Seres humanos somos todos "de nacimiento", y como seres humanos tenemos ciertas características comunes: un corazón con dos aurículas, dos ventrículos, un cerebro, etc. Pero como individuos, hay cosas que son únicas y nos pertenecen a nosotros.

El proceso de crecimiento implica la toma de conciencia de la interacción entre este temperamento y la realidad para transformar mi manera de ser en una manera particular de ser, en una manera individual de ser.

Nos vamos sabiendo diferentes, vamos dejando de parecernos a todos.

Los que tienen más de un hijo saben que cada hijo tiene su propia manera de ser, y que hay un momento en que el chico asume su propia individualidad, sabe lo que significa "yo" y sabe que "yo" es diferente de otros, sabe que al hermano le gusta el caballo de la calesita y a él el helicóptero; que él prefiere viajar del lado de la ventanilla y el hermano elige siempre el lugar del medio. Empieza a discriminarse, en el sentido de separarse y diferenciarse del afuera.

Este ser humano discriminado y separado de los otros se llama individuo, pero no alcanza con ser un individuo para ser una persona.

Ser una persona es más todavía. Casi todos los seres humanos que conozco han llegado a ser individuos, pocos han llegado a ser personas. Para llegar a ser una persona es necesario asistir y padecer un proceso.

El proceso de convertirse en persona, como lo llamaba Carl Rogers[7], es doloroso; implica ciertas renuncias, ciertas adquisiciones y también mucho trabajo personal.

> **Para autodepender, voy a tener que pensarme a mí como el centro de todas las cosas que me pasan.**

Autodependencia es un espacio que tiene que ver, a veces, con cierta ingratitud.

Porque la gente autodependiente no es manipulable. Y todo el mundo detesta a aquella gente que no se deja manipular.

Nos encanta pensar que...
"¡Hay cosas que no podés hacer!"
"¡Hay cosas que no me podés decir!"
"¡Vos no me podés decir eso a mí!"
Y digo:
¿Por qué no?

Yo trabajo todo el día en el consultorio. Hay gente que hablando de otro me dice:
"¡No puede ser tan hijo de puta!"
Y yo digo:
¿Por qué no puede? Puede ser así de hijo de puta, más hijo de puta, recontra... ¿Por qué no va a poder serlo? Puede ser todo lo hijo de puta que quiera, esta es su decisión.

Y será tu compromiso y tu responsabilidad defenderte de este tipo que es una mala persona. Esto es tuyo, no de él.
"¡No, porque él no puede!"
Sí puede.
"Él no debe..."
¿Por qué no debe? ¿A quién le debe? No debe nada.

52

Es tu responsabilidad. No podemos seguir echándole la culpa al otro. No podemos seguir creyéndonos esta cosa que ya ni siquiera es una pauta educativa.

Entonces, lo que digo con la palabra "autodependencia" es:

Puedo pedirte ayuda, pero dependo de mí mismo.

Dependo de mis partes más adultas para que se hagan cargo del niño que sigo siendo. Dependo de mis partes más crecidas para que se hagan cargo de mis aspectos más inmaduros.

Dependo de ocuparme de mí.

Dependo de poder ocuparme de ser capaz de depender del adulto que soy sin miedo a que me vaya a abandonar.

Lo que pasa con la gente que sufre es que ha sido abandonada de sí misma. Ha padecido el abandono de sus partes adultas; sus niños han quedado a la deriva, sin nadie que los contenga. Y han tenido que ir a buscar por ahí, a cualquier lado, ayuda, y más que ayuda, dependencia.

Este es un proceso absolutamente reversible. Siempre, siempre.

Tengo que poder darme cuenta que hay un adulto en mí que tiene que hacerse cargo de ese niño en mí. Después de poder depender de mí, después de saber que me tengo que hacer cargo de mis aspectos dependientes, recién entonces buscar al otro.

Para poder ayudarte, pedirte, ofrecerte, para poder darte lo que tengo para darte y poder recibir lo que vos tengas para darme, primero voy a tener que conquistar este lugar, el lugar de la autodependencia.

Y ya que dependo de mí, voy a tener que concederme a mí mismo algunos permisos si quiero ser una persona. Y digo concederme a mí mismo y digo que te concedas a vos mismo y digo que cada uno haga lo propio; porque no hablamos del señor que cometió un error y está preso, de la pobre mujer descerebrada que está en una cama del hospital ni del hombre que agoniza víctima de una enfermedad terminal... Hablamos, en verdad, de nosotros. De los permisos que Virginia Satir[8] llamaba "inherentes a ser persona".

Cualquiera que no ostente alguno de estos cinco permisos no es una persona.

Y uno se pregunta, ¿qué es, si no es una persona?...

Será, con toda seguridad, un ser humano, tal vez también un individuo, pero... una persona NO.

Porque, como dije anteriormente, ser persona es mucho más.

1/ Me concedo a mí mismo el permiso de estar y de ser quien soy, en lugar de creer que debo esperar que otro determine dónde yo debería estar o cómo debería ser.

2/ Me concedo a mí mismo el permiso de sentir lo que siento, en vez de sentir lo que otros sentirían en mi lugar.

3/ Me concedo a mí mismo el permiso de pensar lo que pienso y también el derecho de decirlo, si quiero, o de callármelo, si es que así me conviene.

> **4/** Me concedo a mí mismo el permiso de correr los riesgos que yo decida correr, con la única condición de aceptar pagar yo mismo los precios de esos riesgos.

> **5/** Me concedo a mí mismo el permiso de buscar lo que yo creo que necesito del mundo, en lugar de esperar que alguien más me dé el permiso para obtenerlo.

Estos cinco permisos esenciales condicionan nuestro ser persona. Y ser persona es el único camino para volverse autodependiente.

Porque estos permisos me permiten finalmente ser auténticamente quien soy.

El primero dice que si yo soy una persona tengo que concederme a mí mismo la libertad de ser quien soy. ¿Qué quiere decir esto? Dejar de exigirme ser el que los demás quieren que sea: el que quiere mi jefe, el que quiere mi esposa, el que quieren mis amigos o el que quieren mis hijos. Ser persona es darme a mí mismo la libertad de ser el que soy.

Es probable que a muchos no les guste que sea el que soy; es probable que cuando otros descubran que soy el que soy —y que además me doy la libertad de serlo— se enojen conmigo.

Todos podemos llegar a ser personas, pero si no empezamos por este permiso, no hay posibilidades; nos quedaremos siendo individuos parecidos a muchos otros individuos que se sienten a sí mismos diferentes, pero que obedecen y pertenecen al club de aquellos que no se dan el derecho de ser quienes son; que intentan parecerse a los demás.

Las consecuencias de no ser una persona son infinitas. Por ejemplo, si soy una adolescente y necesito parecerme a las demás, para ser aceptada me harán creer que debo ser delgadita como las modelos, alta y espigada, y que debo usar determinada ropa. En este caso, al no darme cuenta que tengo la libertad de ser quien soy, probablemente deje de comer y me vuelva anoréxica. Porque aquí, volverme anoréxica es intentar parecerme a la que dicen que tengo que ser, no a quien yo soy. Es sentir que si peso 45 y la ropa no me entra, yo no soy una persona. Este es un ejemplo brutal y terrible de lo que les sucede a muchas adolescentes que vemos todos los días, a veces en la televisión, a veces en los diarios y a veces en las necrológicas. Porque las chicas de verdad se mueren en este intento de parecerse a un modelo prestado.

Menos crueles y brutales son todas las cosas que nosotros hacemos para parecernos a ciertos modelos. Terminamos forzándonos a ser lo que no somos, o a estar en donde no queremos estar. No nos damos la libertad de estar en el lugar que queremos, de ser quienes somos.

La palabra *persona* es una palabra heredada del teatro griego, se usaba para llamar al actor que está detrás de la máscara que representa al personaje. Es una derivación de *per sonare*, para darle sonido, y designa al que verdaderamente habla, al que le pone palabras a la máscara, al que viene de darles sonido a los personajes que actuamos, esto es, la figura auténtica que está detrás del personaje.

Ser autodependiente significa ser auténticamente el que soy, actuar auténticamente como actúo, sentir auténticamente lo que siento, correr los riesgos que auténticamente quiera correr, hacerme responsable de todo eso y, por supuesto, salir a buscar lo que yo auténticamente crea que necesito sin esperar que los otros se ocupen de esto.

Nada de dejar que los riesgos los corran otros para hacer lo que yo quiero.

Nada de correr riesgos que otros quieren que corra.

Nada de delegar responsabilidades.

Esto determina que yo sea una persona o que no lo sea, y conlleva la posibilidad de quedarse jugando a que se es una persona, es decir, quedarse en el personaje.

Pero atención, ninguno de estos permisos incluye mi derecho a que otro sea como yo quiero, a que otro sienta como yo siento, a que otro piense lo que a mí me conviene, a que otro no corra ningún riesgo porque yo no quiero que lo corra, o a que otro me pida permiso para tener lo que necesita.

Estos permisos no pueden incluir el deseo de que el otro no sea una persona, la intención de esclavizar a otro. Porque mi autodependencia irremediablemente me compromete a defender la tuya y la de todos.

¿Qué pasa con nosotros que cuando amamos creemos que el otro tiene que ser como yo me lo imagino, tiene que sentir por mí lo que yo siento por él, tiene que pensar en mí tanto como yo quiero, no tiene que correr riesgos que amenacen la relación y tiene que pedirme a mí lo que él quiere para que sea yo quien se lo alcance?

Esta es nuestra fantasía del amor, pero este amor esclavizante, mezquino y cruel no es un amor entre adultos.

El amor entre adultos transita y promueve este espacio de autodependencia en el otro, tal como aquí lo planteo.

El amor concede, empuja, fomenta que aquellos a quienes yo amo transiten también espacios cada vez menos dependientes.

Este es el verdadero amor, el amor para el otro, este amor que no es para mí sino para vos, el amor que tiene que ver con la alegría de que existas.

¿Para qué algunos quieren ser dependientes?

A veces, como se creen débiles, piensan que estar bajo el ala de alguien más calificado los protegerá.

Otras veces, para poder echarles la culpa a los demás.

Otras veces, de verdad creen que tienen que pedir permiso. Ni se autoengañan ni les falta coraje ni están enfermos, lo único que pasa es que no han llegado a ser personas. Es un tema de evolución.

A veces no llegan a ser personas porque les da miedo, otras porque no han sido enseñados.

Algunas veces, porque alguien los ha oprimido mucho, y otras, finalmente, porque no saben, simplemente no saben nada de esto que yo estoy diciendo.

Alguien que no se anima a ser quien es por miedo a que lo rechacen, que no se anima a sentir lo que siente porque le parece que está mal, que no se anima a pensar lo que piensa o a decirlo porque tiene miedo de ser rechazado, alguien que no corre riesgos porque no se banca las responsabilidades y que no sale a buscar lo que necesita sino que se lo pide a otro, alguien así no llega a ser una persona y, por lo tanto, vamos a tener que pensar que es un individuo.

No es ninguna acusación; ser persona no es obligatorio. Lo que yo digo es que para ser persona, lo que vos llamarías persona adulta o madura, para mí es simplemente ser una persona.

Persona madura para mí se llama a las personas de verdad.

Una persona es una persona madura; si es inmadura todavía no ha terminado su proceso de convertirse en persona.

· Y esto no es una acusación porque el proceso de convertirse en persona se termina únicamente el día en que uno se muere. Hasta entonces uno puede seguir creciendo y ser cada vez más consciente de sí mismo.

Vivo y aprendo, vivo y maduro, vivo y crezco.

Un hombre en proceso de convertirse en persona puede ser terriblemente exitoso, integrado, aplaudido, valorado, querido; en realidad puede ser así, y sin embargo no ser una persona.

En la India hay una manera de pensar al hombre transitada por muchos pensadores; Rajneesh es uno, Krishnamurti es otro. Ellos dicen que el ser humano es un dios en desarrollo, un fruto que aún no ha madurado, que cuando esté maduro va a ser un dios. Esta alegoría tan poética yo la traduzco así: Cuando el hombre madure será una persona.

Por supuesto, como en todo proceso madurativo, haber "ligado en el reparto" padres nutritivos tiene la ventaja de haber escuchado desde pequeños mensajes constructivos:

"Vos podés ser quien sos."

"Vos podés pensar lo que pensás."

"Vos podés sentir lo que sentís."

"Vos podés correr tus propios riesgos."

"Deberías ocuparte de ir a buscar lo que necesitás, porque eso significa crecer, ser maduro y autodependiente."

Estos privilegiados solitos saltan del trampolín y se zambullen en la vida desde un lugar afortunado.

Por supuesto, no todo el mundo tiene esta suerte.

Aquellos que no la tuvieron necesitarán que alguien más se lo muestre, aunque sea en un libro como éste.

Alguna vez he visto algunos despertares desde un darse cuenta salvaje desencadenado por alguna situación especial.

Despertamos, pero no a través de la palabra de otro, sino a través de un proceso de identificación: algo que vemos o algo que vivimos nos empuja al darnos cuenta.

Por ejemplo, nos enteramos, cuando acabamos de cumplir cuarenta y cinco años, que un amigo nuestro que también tenía cuarenta y cinco años se murió. Entonces nos miramos y decimos: ¿Qué pasa acá? Y empezamos a cuestionarnos algunas cosas: cómo estamos viviendo, cómo usamos nuestro tiempo, si estamos disfrutando, si nos sentimos oprimidos por alguien o algo, si nuestra vida finalmente tiene sentido.

O vemos una película y nos estrellamos con la ficción que retrata nuestra realidad, nos damos cuenta de lo que nos está pasando y nos enfrentamos con nuestro propio proceso.

Y nos enteramos de que no hay situaciones donde uno no pueda elegir. Asumimos que siempre estamos eligiendo, aun cuando creemos que no elegimos, en la vida cotidiana, en la de todos los días.

Y cuando decimos:

"No tuve otro remedio..."

"Yo no soy responsable de esto..."

"No tenía otra posibilidad..."

Mentimos. Mentimos alevosamente. Porque siempre elegimos.

En nuestra vida cotidiana decidimos casi cada cosa que hacemos y cada cosa que dejamos de hacer.

Nuestra participación en nuestra vida no sólo es posible, sino que además es inevitable.

Somos cómplices obligados de todo lo que nos sucede porque de una manera o de otra hemos elegido.

"Bueno, pero yo... tengo que ir a trabajar todos los días... y no tengo otra posibilidad... y aunque no quiera y yo no lo elijo, tengo que ir igual, entonces yo no puedo concederme el permiso de no ir a trabajar mañana".

Si estoy dispuesto a pagar el precio, sí.

Un hombre avanza desesperado por el desierto. Acaba de beber la última gota de agua de su cantimplora. El sol sobre su cabeza y los buitres que lo rondan anuncian un final inminente.

—¡Agua! —grita—. ¡Agua! ¡Un poco de agua!

Desde la derecha ve venir a un beduino en un camello que se dirige hacia él.

—¡Gracias a Dios! —dice—. ¡Agua por favor... agua!

—No puedo darte agua —le dice el beduino—. Soy un mercader y el agua es necesaria para viajar por el desierto.

—Véndeme agua —le ruega el hombre—. Te pagaré...

—Imposible "efendi". No vendo agua, vendo corbatas.

—¿¿¿Corbatas???

—Sí, mira qué maravillosas corbatas... Estas son italianas y están de oferta, tres por diez dólares... Y estas otras, de seda de la India, son para toda la vida... Y estas de aquí...

—No... No... No quiero corbatas, quiero agua... ¡Fuera! ¡Fueraaaaa!

El mercader sigue su camino y el sediento explorador avanza sin rumbo fijo por el desierto.

Al escalar una duna, ve venir desde la izquierda otro mercader.

Entonces corre hacia él y le dice:

—Véndeme un poco de agua, por favor...

—Agua no —le contesta el mercader—, pero tengo para ofrecerte las mejores corbatas de Arabia...

—¡¡¡Corbatas!!! ¡No quiero corbatas! ¡Quiero agua! —grita el hombre desesperado.

—Tenemos una promoción —insiste el otro—. Si compras diez corbatas, te llevas una sin cargo...

—¡¡¡No quiero corbatas!!!

—Se pueden pagar en tres cuotas sin intereses y con tarjeta de crédito. ¿Tienes tarjeta de crédito?

Gritando enfurecido, el sediento sigue su camino hacia ningún lugar.

Unas horas más tarde, ya arrastrándose, el viajero escala una altísima duna y desde allí otea el horizonte.

No puede creer lo que ven sus ojos. Adelante, a unos mil metros, ve claramente un oasis. Unas palmeras y un verdor increíble rodean el azul reflejo del agua.

El hombre corre hacia el lugar temiendo que sea un espejismo. Pero no, el oasis es verdadero.

El lugar está cuidado y protegido por un cerco que cuenta con un solo acceso custodiado por un guardia.

—Por favor, déjeme pasar. Necesito agua... agua. Por favor...

—Imposible, señor. Está prohibido entrar sin corbata.

Lo sepas o no de antemano, siempre hay un precio que pagar.

"Ah sí, pero si pago el precio mis hijos mañana no comen."

Bueno, será este el precio. Y entonces elijo ir a trabajar. Y elijo seguir trabajando, y conservar mi trabajo, y elijo alimentar a mis hijos. Y me parece bien que yo haga esa elección. Pero lo elijo yo ¿eh? Yo soy el que está decidiendo esto. En mis <u>normas</u> es más importante alimentar a mis hijos que complacer mi deseo de quedarme haciendo fiaca en la cama. Y me parece bien. Es mi decisión. Y precisamente porque es mi decisión es que tiene mérito.

Una de las condiciones de la autodependencia es que por vía del permiso de ser auténtico, ahora automáticamente me doy cuenta que me merezco cualquier recompensa que aparezca por las decisiones acertadas que tome. No fue mi obligación, fue mi decisión. Pude decidir esto, aquello o lo otro, y por lo tanto, me corresponde el crédito del acierto.

Me corresponde tu agradecimiento por la ayuda que te

doy, sobre todo si te das cuenta que dije sí pero podría haber dicho no.

Por supuesto que si el ayudado soy yo, me resultará más fácil y más barato pensar que yo te saqué la respuesta, que no podías elegir, que no podías negarte o que ayudar era tu obligación.

Claro, me resulta mucho más cómodo pensar que el otro tiene que hacerse cargo de mí.

Es el tema de los hijos eternos.

Esos hijos que en ningún momento se deciden a dejar de depender de sus padres.

Si bien es cierto que son muchos los padres que esclavizan a los hijos para que no crezcan y poder así seguir controlando sus vidas, no son pocos los hijos que esclavizan a los padres forzándolos a seguir siendo los que decidan por ellos, para no hacerse cargo, para no ser responsables, porque es más fácil y menos peligroso que otros corran los riesgos, que otros paguen los costos.

El camino de la autodependencia es el camino de hacerme cargo de mí mismo. Para recorrerlo hace falta:

Estar en condiciones
Saberse equipado y
Tomar la decisión.

No hay donde prepararse para el camino.

Vamos descubriendo nuestras condiciones a medida que lo recorremos.

Vamos mejorando el equipo a medida que avanzamos.

Vamos solidificando la decisión mientras más camino dejamos atrás.

CAPÍTULO 4. CONDICIÓN

Saludo al Buda que hay en ti. Puede que no seas consciente de ello, puede que ni siquiera lo hayas soñado —que eres perfecto—, que nadie puede ser otra cosa, que el estado de Buda es el centro exacto de tu ser, que no es algo que tiene que suceder en el futuro, que ya ha sucedido. Es la fuente de la que tú procedes; es la fuente y también la meta. Procedemos de la luz y vamos hacia ella.

Pero estás profundamente dormido, no sabes quién eres.
No es que tengas que convertirte en alguien, únicamente tienes que reconocerlo, tienes que volver a tu propia fuente, tienes que mirar dentro de ti mismo.
Una confrontación contigo mismo te revelará tu estado de Buda.
El día que uno llega a verse a sí mismo, toda la existencia se ilumina.

Permite que tu corazón sepa que eres perfecto.
Ya sé que puede parecer presuntuoso, puede parecer muy hipotético, no puedes confiar en ello totalmente. Es natural. Lo comprendo. Pero permite que se deposite en ti como una semilla. En torno a ese hecho comenzarán a suceder muchas cosas, y sólo en torno a este hecho podrás comprender estas ideas. Son ideas inmensamente poderosas, muy pequeñas, muy condensadas, como semillas. Pero en este terreno, con esta visión

en la mente: que eres perfecto, que eres un Buda floreciendo, que eres potencialmente capaz de convertirte en uno, que nada falta, que todo está listo, que sólo hay que poner las cosas en el orden correcto; que es necesario ser un poco más consciente, que lo único que se necesita es un poco más de conciencia...

El tesoro está ahí, tienes que traer una pequeña lámpara contigo.
Una vez que la oscuridad desaparezca, dejarás de ser un mendigo, serás un Buda.
Serás un soberano, un emperador.
Todo este reino es para ti y lo es por pedirlo, sólo tienes que reclamarlo.
Pero no puedes reclamarlo si crees que eres un mendigo.
No puedes reclamarlo, no puedes ni siquiera soñar con reclamarlo, si crees que eres un mendigo.
Esa idea de que eres un mendigo, de que eres ignorante, de que eres un pecador, ha sido predicada desde tantos púlpitos a través de los tiempos, que se ha convertido en una profunda hipnosis en ti.
Esta hipnosis debe ser desbaratada.
Para romperla, comienzo con este saludo:

Saludo al Buda que hay en ti,

OSHO

El primer hito del camino de la autodependencia es el propio amor, como lo llamaba Rousseau, el amor por uno mismo. Esto es, mi capacidad de quererme, lo que a mí me gusta llamar más brutalmente el saludable egoísmo y que abarca por extensión la autoestima, la autovaloración y la conciencia del orgullo de ser quien soy.

Desde la publicación de mi libro *De la autoestima al egoísmo*[9], la gente siempre me pregunta:

"Pero, ¿por qué lo llamás egoísmo... que a mí no me deja aceptarlo bien?"

Lo llamo así para no caer en la tentación de evitar esta palabra sólo porque tiene "mala prensa".

A veces digo:

"Bueno, ¿cómo quieren que lo llamemos?

Llamémoslo como quieran. ¿Quieren llamarlo silla? Llámenlo silla. Pero sepan internamente que estamos hablando de egoísmo".

Lo que pasa es que hay que dejar de temerle a esa palabra.

No confundirla con actitudes miserables o crueles, codiciosas o avaras, mezquinas, ruines o canallescas. Son otra cosa.

No hace falta ser un mal tipo para ser egoísta.

No hace falta ser una mina jodida para ser egoísta.

Se puede ser egoísta y tener muchas ganas de compartir.

Siempre digo lo mismo.

Me da tanto placer complacer a las personas que quiero, que siendo tan egoísta... no me quiero privar...

Yo no me quiero privar de complacer a los que quiero.

Pero no lo hago por ellos, lo hago por mí. Esta es la diferencia.

La diferencia está en que desde esta posición jamás se puede pensar en función de lo que hago por el otro.

Si yo hiciera cosas por vos, no podría seguir siendo autodependiente. No dependería de mí, sino de lo que vos necesitás de mí.

Y entonces... quizás... poco a poco me vaya volviendo dependiente.

Y si me encuentro siendo dependiente, bueno sería que revise esto.

Si soy dependiente, entonces hay permisos que no me puedo conceder.

Y si hago esto debe ser porque no me creo valioso o no me quiero lo suficiente.

Jamás hago cosas por los demás.

Uno piensa que este discurso suena muy egoísta. Y yo creo que es cierto que suena egoísta... porque es un discurso egoísta.

Lo que pasa es que éste no es el egoísmo mezquino y codicioso que estamos acostumbrados a pensar... Es el egoísmo de aquellos que se quieren suficientemente como para saber que son valiosos... y que tienen cosas para dar.

A veces, cuando yo digo esto, hay gente que cree que hablo en contra de la idea de solidaridad, en contra de la ayuda solidaria.

"¡Porque vos hablás de autodependencia, hablás de saberse a uno mismo, hablás de la libertad... y entonces cada uno puede hacer lo que quiera y si cada uno hace lo que se le da la gana... entonces va a terminar... matando al vecino...!"

Y yo digo: la presunción de dónde termina el planteo de las libertades individuales depende del lugar ideológicamente filosófico del cual uno parta.

Hay dos posturas filosóficas que son bien opuestas. Una, que cree que el ser humano es malo, cruel, dañino, perverso, y que lo único que espera es una oportunidad para poder complicar al prójimo y sacarle lo que tiene. Y otra que dice que el ser humano es bueno, noble, solidario, amoroso y creativo, y que, por ende, si lo dejamos en libertad de ser quien es descubrirá lo que hay que descubrir, y finalmente se volverá el más generoso y leal de los animales de la creación.

Porque en libertad puede elegir ser solidario aunque

sepa que, en realidad, no lo hace por el otro sino por él mismo.

Y este es el egoísmo bien entendido, como yo lo diseño.

Quiero definir el egoísmo como esta poco simpática postura de preferirme a mí mismo antes que a ninguna otra persona.

La idea de que si yo soy egoísta no voy a pensar en nadie más que en mí es la idea de creer que tengo un espacio limitado para querer, una capacidad limitada para amar a alguien, y que entonces, si lo lleno de mí, no me queda espacio para los demás.

Esta idea no sólo es absurda, sino que además es absolutamente engañosa. No hay una limitación en mi capacidad de amar, no tengo límites para el amor, y por lo tanto tengo capacidad para quererme muchísimo a mí y muchísimo a los demás. Y de hecho, desde el punto de vista psicológico, es imposible que yo pueda querer a alguien sin quererme a mí.

El que dice que quiere mucho a los demás y poco a sí mismo miente en alguno de los dos casos. O no es cierto que quiere mucho a los demás, o no es cierto que se quiere poco a sí mismo.

El amor por los otros se genera y se nutre, empieza por el amor hacia uno mismo. Y tiene que ver con la posibilidad de verme en el otro.

Aquella idea tan ligada a las dos religiones madre de nuestra cultura, la judía y la cristiana, "amarás a tu prójimo como a ti mismo", es un punto de mira, un objetivo de máxima.

No es amarás "más" que a ti mismo.

Es amarás "como" a ti mismo.

Esto es lo máximo que uno puede pretender.

Hay un cuento que trata de una muchacha llamada Ernestina.

Ernestina vivía en una granja en el campo.

Un día, su padre le pide que lleve un barril lleno de maíz hasta el granero de una vecina. Ernestina agarra un barril de madera, lo llena de granos hasta el borde, le clava la tapa y se lo ata colgando de los hombros como si fuese una mochila. Una vez afirmadas las correas, Ernestina parte hacia la granja vecina.

En el camino se cruza con varios granjeros. Algunos notan que hay un agujero en su barril y que una hilera de granos cae del tonel sin que Ernestina lo note. Un amigo de su padre comienza a hacerle señas para explicarle el problema, pero ella entiende que es un saludo, así que le sonríe y agita su mano en señal de amistad. De inmediato, los otros granjeros le gritan a coro:

—¡Estás perdiendo el maíz!

Ernestina se da vuelta para ver el camino, pero como los pájaros han estado levantando cada grano perdido casi antes de que tocara el piso, al no ver nada, la niña cree que los vecinos bromean y sigue su camino.

Más adelante, otra vez un granjero le dice:

—¡Ernestina, Ernestina! ¡Estás perdiendo el maíz, los pájaros se lo están comiendo!...

Ernestina se da vuelta y ve los pájaros que revolotean sobre el camino, pero ni un grano de maíz. Entonces continúa su trayecto con el maíz perdiéndose por el agujero del barril.

Cuando Ernestina llega a su destino y abre el barril, ve que aún está lleno de granos de maíz hasta el mismo borde.

Uno puede pensar que es sólo una parábola para estimular a los mezquinos a dar, para conjurar su temor al vacío, y que el cuento es sólo una alegoría.

Y sin embargo, respecto del amor, nunca me vacío cuando amo.

Es mentira que por dar demasiado me pueda quedar sin nada.

Es mentira que tenga que tener sobrantes de amor para poder amar.

Ernestina es cada uno de nosotros.

Y este maíz es lo que cada uno de nosotros puede amar.

La inagotable provisión de amor.

Esto es:

No nos vamos a quedar sin maíz para los pájaros si queremos llegar con maíz al granero.

Ni nos vamos a quedar sin maíz para nosotros si les damos a los pájaros.

No nos vamos a quedar sin posibilidad de amar a los otros si nos amamos a nosotros mismos.

En verdad, nosotros tenemos para dar inagotablemente, y nuestro barril está siempre lleno, porque así funciona nuestro corazón, así funciona nuestro espíritu, así funciona la esencia de cada uno de nosotros.

Sea como fuere, saberme, liberarme y quererme, ¿no me deja al margen de la solidaridad?

Para mí, hay por lo menos dos tipos de solidaridad. Hay una solidaridad que yo llamo **de ida** y otra que llamo **de vuelta**. Porque estoy seguro de que hay dos maneras de querer ayudar al prójimo.

En la solidaridad de ida, lo que sucede es que veo al otro que no tiene, veo al otro que sufre, veo al otro que se lamenta, y entonces me pasa algo. Por ejemplo, me pasa que me doy cuenta que yo podría estar en su lugar y me identifico con él, y siento el miedo de que me pase lo que a él le está pasando. Entonces lo ayudo. Me vuelvo solidario porque me da miedo que me pase a mí lo que le pasa a él.

Esta ayuda está generada por el miedo que proviene de la identificación y actúa como una protección mágica que me corresponde por haber sido solidario. Es la solidaridad del conjuro. Una ayuda "desinteresada" que, en realidad, hago por mí. No por el otro.

Pariente cercana de esta solidaridad es la solidaridad culposa, aquella que se genera de la nefasta matriz de algunas ideas caritativas... Cuando veo al que sufre y padece, un horrible pensamiento se cruza por mi cabeza sin que pueda evitarlo: "Qué suerte que sos vos y no yo".

Y decido ayudar porque no soporto la autoacusación que deviene de este pensamiento.

Otra razón de ida es que yo crea en una suerte de ley de compensaciones. Se anda diciendo por ahí que, si te doy, en realidad me vuelve EL DOBLE...

Hay gente que sostiene con desparpajo que da porque así va a recibir. Es la solidaridad de inversión. Esto no quiere decir que no suceda, pero en todo caso es una razón de ida.

Existe también una solidaridad obediente, que parte de lo que mi mamá me enseñó: que tenía que compartir, que no tenía que ser egoísta y tenía que dar... Estoy satisfaciendo a mi mamá, o al cura de mi parroquia, o a la persona que me educó. Estoy haciéndole caso, no sé si me lo creo, pero así me enseñaron y así repito. Nunca me puse a pensar si esto es lo que quiero hacer. Sólo sé que hay que hacerlo, y entonces lo hago. Esta es la solidaridad más ideológica, más ética y más moralista, pero de todas maneras es de ida.

Por último, existe una solidaridad que yo llamo la solidaridad de "hoy por ti mañana por mí"; la que piensa en la protección del futuro. Desde el imaginario futuro negro aseguro que si me toca, algún otro será solidario conmigo, cuando yo esté en el lugar del que padece.

Cualquiera sea el caso, de conjuro, culposa, de inversión, de obediencia o de "hoy por ti, mañana por mí", toda esta solidaridad es de ida y, por supuesto, no tiene nada de altruista.

Pero hay un momento, un momento en el cual yo descubro el cuento de Ernestina.

¿Y qué descubro en el cuento de Ernestina?

Descubro que no hay peligro de quedarme en ese lugar, porque si doy no me quedo vacío, que yo no soy como aquellos que reciben lo que doy y que nunca lo seré, que no me siento culpable de tener lo que tengo y que no necesito más de lo que tengo, y por último, que lo que los otros dicen que debería hacer me tiene sin cuidado.

Y ahora yo sé que puedo elegir dar o no dar.

Entonces, conquisto el espacio donde todo esto no es más... importante.

Conquisto lo que yo llamo la autodependencia.

Y ahí descubro que mi valor no depende de la mirada del afuera.

Y me encuentro con los otros, no para mendigarles su aprobación, sino para recorrer juntos algún trecho del camino.

Y descubro el amor y, con él, el placer de compartir.

Acá es donde aparece la segunda posibilidad de ser solidario.

Acá me encuentro con alguien que sufre y descubro el placer de dar.

Y doy por el placer que me da a mí dar.

Esa es la solidaridad del camino de vuelta.

Un Rey fue hasta su jardín y descubrió que sus árboles, arbustos y flores se estaban muriendo.

El Roble le dijo que se moría porque no podía ser tan alto como el Pino.

Volviéndose al Pino, lo halló caído porque no podía dar uvas como la Vid. Y la Vid se moría porque no podía florecer como la Rosa.

La Rosa lloraba por no ser fuerte y sólida como el Roble.

Entonces encontró una planta, una Fresia, floreciendo y más fresca que nunca.

El rey preguntó:

—¿Cómo es que creces tan saludable en medio de este jardín mustio y umbrío?

La flor contestó:

—No lo sé. Quizás sea porque siempre supuse que cuando me plantaste, querías fresias. Si hubieras querido un Roble o una Rosa, los habrías plantado. En aquel momento me dije: Intentaré ser Fresia de la mejor manera que pueda.

Ahora es tu turno. Estás aquí para contribuir con tu fragancia.

Simplemente mirate a vos mismo.

No hay posibilidad de que seas otra persona.

Podés disfrutarlo y florecer regado con tu amor por vos, o podés marchitarte en tu propia condena.

CAPÍTULO 5. EQUIPAMIENTO

L a **discriminación** es el odioso punto de partida de este tramo del camino. Palabra grave y complicada si las hay, porque evoca desprecio, racismo, exclusión de los otros.

Sin embargo, no es este el único sentido que tiene la palabra, no es este el sentido en el que la uso; hablo de discriminación en cuanto a conciencia de otredad. Es decir, la capacidad de discriminarse o, si suena menos lesivo, distinguirse de los otros que no son yo.

Saber que hay una diferencia entre lo que llamo yo y el no-yo.

Que vos sos quien sos y yo soy quien soy.

Que somos una misma cosa, pero no somos la misma cosa.

Que no soy la misma cosa que vos, que soy otro.

Que no soy idéntico a vos y que vos no sos idéntico a mí.

Que somos diferentes. A veces muy diferentes.

Esto es lo que llamo conciencia de otredad o capacidad de autodiscriminarse.

Y debo empezar por allí, porque así empezó nuestra historia.

Nacimos creyendo que el universo era parte de nosotros, en plena relación simbiótica, sin tener la más mínima noción de límite entre lo interno y lo externo.

Durante esta "fusión" (como la llama Winnicott), mamá, la cuna, los juguetes, la pieza y el alimento no eran para nosotros más que una prolongación indisoluble de nuestro cuerpo.

Sin necesidad de que nadie nos lo enseñe directamente, dice el mismo Winnicott que la "capacidad innata de desarrollo y de maduración" con la que nacimos nos llevará a un profundo dolor (posiblemente el primero): el darnos cuenta, a la temprana edad de siete u ocho meses, que esa fusión era sólo ilusión. Mamá no aparecía con sólo desearlo, el chiche buscado no se materializaba al pensarlo, el alimento no estaba siempre disponible.

Tuvimos que asumir en contra de nuestro deseo narcisista que entre todo y nosotros había una distancia, una barrera, un límite, materializado en lo que aprendimos después a llamar nuestra propia piel.

Aprendimos sin quererlo la diferencia entre el adentro y el afuera.

Aprendimos a diferenciar entre fantasía y realidad.

Aprendimos a esperar y, por supuesto, a tolerar la frustración.

Pasamos del vínculo indiscriminado e ilusoriamente omnipotente a la autodiscriminación y el proceso de individuación.

Una vez que puedo separarme comienzo progresivamente a construir lo que los técnicos llaman mi identidad, el *self*, el yo.

Aprendo a no confundirme con el otro, a no creer que el otro siente o debe sentir necesariamente igual que yo, los demás no piensan ni deben pensar como yo. Que el otro no está en este mundo para satisfacer mis deseos ni para llenar mis expectativas.

Discriminado, confirmo definitivamente que yo soy yo y vos sos vos.

Recién entonces puedo avanzar en este tramo para tomar la dirección del autoconocimiento.

Y digo tomar la dirección, no conquistar. Porque saber que vos no sos yo y que yo no soy vos no alcanza para saber quién soy. La autodiscriminación es necesaria, pero no es suficiente.

ACCESO AL AUTOCONOCIMIENTO

El autoconocimiento consiste, sobre todo, en ocuparme de trabajar sobre mí para llegar a descubrir —más que construir— quién soy, tener claro cuáles son mis fortalezas y cuáles mis debilidades, qué es lo que me gusta y qué es lo que no me gusta, qué es lo que quiero y qué es lo que no quiero.

El "conócete a ti mismo" es uno de los planteos más clásicos y arquetípicos de los pensadores de todos los tiempos. El asunto —de por sí desafiante— es en verdad muy difícil, y está en el origen de una gran cantidad de planteos filosóficos, existenciales, morales, éticos, antropológicos, psicológicos, etc.

Tomar conciencia de quién soy es, para mí, el resultado de una desprejuiciada mirada activamente dirigida hacia adentro para poder reconocerme.

Este reconocimiento de quién soy adquiere aquí el sentido de saberse uno mismo, no el de las cosas que pienso o creo que soy.

Porque hay una diferencia importante entre creer y saber.

Pensemos. Si digo: "Yo creo que mañana vuelvo a Buenos Aires", necesariamente estoy admitiendo que pueden pasar cosas en el medio, que acaso algo me lo impida. Pero si digo: "Yo sé que mañana va a salir el sol", tengo certeza de que va a ser así. Aunque el día amanezca nublado, mañana va a salir el sol. Lo sé.

Siempre que digo "sé" estoy hablando de una convicción que no requiere prueba ni demostración.

Cuando digo "creo" apuesto con firmeza a eso que creo.

En cambio, cuando digo "sé", no hay apuesta.

Claro, uno puede saber y puede equivocarse, puede darse cuenta que no sabía, que creía que sabía y aseguraba que era así con la firmeza y la convicción para decir "sé" y descubrir más tarde el error cometido. No hay contradicción; cuando yo hablo de "saber" me refiero a esa convicción, no al acierto de la aseveración.

El autoconocimiento es la convicción de saber que uno es como es.

Y como dije, esto implica mucho trabajo personal con uno mismo.

¿Cuánto? Depende de las personas, pero de todos modos, siempre estamos sabiéndonos un poco más.

A mí me llevó mucho tiempo y mucho trabajo empezar a saber quién era (debe ser por la gran superficie corporal para recorrer...). Otros lo hacen más rápido. Pero no es algo que se haga en una semana.

Hay que trabajar con uno.

Hay que observarse mucho.

Evidentemente, esto no quiere decir que haya que mirarse todo el tiempo, pero sí mirarse en soledad y en interacción, en el despertar de cada día y en el momento de cerrar los ojos cada noche, en los momentos más difíciles y en los más sencillos.

Mirar lo mejor y lo peor de mí mismo.

Mirarme cuando me miro y ver cómo soy a los ojos de otros que también me miran.

Mirarme en la relación con los demás y en la manera de relacionarme conmigo mismo.

Misteriosamente, para saber quién soy, hace falta poder escuchar.

Uno puede mirarse las manos, el dorso y el anverso; uno puede, con un poco de esfuerzo, mirarse los codos o los talones; algunos la planta del pie. Pero hay partes de uno que nos definen, como por ejemplo la cara, que nunca podremos ver a ojo desnudo. Para verla necesitamos un espejo, y el espejo de lo que somos es el otro, el espejo es el vínculo con los demás.

Cuanto más cercano y comprometido es el vínculo, más agudo, cruel y detallista el espejo.

Decimos con Silvia Salinas en *Amarse con los ojos abiertos*[10] que el mejor espejo es tu pareja, el que te refleja con más claridad y más precisión.

Pero más allá de tu pareja, hay miles y miles de espejos en los cuales te mirás para saber quién sos. Estos espejos no deben configurar tu identidad, pero pueden ayudar a que vos completes tu imagen.

Si todo el mundo me dice que soy muy agresivo, yo no puedo vivir gritando: "¡No, el agresivo sos vos!", sin siquiera preguntarme qué hay de cierto en este comentario.

No digo aceptar de entrada toda observación, venga de quien venga. Pero sí preguntarnos si aquello que nuestros amigos nos dicen no tiene algo de cierto, aunque no lo podamos percibir a simple vista.

Es muy gracioso cómo uno puede no escuchar lo que el otro dice.

Si todos me dicen que estoy muy gordo, será bueno considerar esta observación.

Para poder sabernos, es necesario mirarnos mucho y escuchar mucho lo que los otros ven en nosotros.

Y para poder escuchar, es decir, para que el otro pueda hablar, hace falta que uno se anime a mostrarse.

Así, transitar la senda del autoconocimiento implica que yo me anime a mostrarme tal como soy, sin esconderme, sin personajes, sin turbiedades, sin engaños, y que participe del *feedback* generado por haberte mostrado lo que soy.

Cuanto más te muestre de mí y más te escuche, más voy a saber de mí.

Y cuanto más sepa de mí, de mejores maneras voy a estar a cargo de mi persona.

Y cuanto mejor esté a cargo de mi persona, menos dependiente seré del afuera.

"¿No es una contradicción? ¿Escuchando tanto no me vuelvo más dependiente?"

No, no es ninguna contradicción.

Es un aprendizaje del camino.

Nunca dependiendo de la palabra de los otros, pero siempre escuchándola.

Nunca obedeciendo el consejo de los demás, pero siempre teniéndolo en cuenta.

Nunca pendiente de la opinión del afuera, pero siempre registrándola con claridad.

Un hombre trabaja en el jardín de su casa.
Un joven pasa en moto y le grita:
—¡¡Cornuuuuudoooo!!

El hombre gira lentamente la cabeza y ve alejarse al joven en su moto a toda velocidad.

Sigue con su trabajo y, a los cinco minutos, el mismo joven pasa en la moto y le grita:

—¡¡Cornuuuuudoooo!!

El hombre levanta rápidamente la vista para ver alejarse, otra vez, la espalda del motociclista.

Menea la cabeza de lado a lado y, con la frente gacha, entra en la casa. Va hasta la cocina y encuentra a su esposa que está cortando unas verduras. Le pregunta:

—¿Vos andás en algo raro, che?

—¿A qué viene eso? —pregunta la esposa.

—No, lo que pasa es que hay un tipo que a cada rato pasa en una moto y me grita cornudo y entonces...

—¿Y vos le vas a prestar atención a lo que cualquier idiota desconocido te grite?

—Tenés razón, querida, disculpame...

Le da un beso en la mejilla y vuelve al jardín.

A los diez minutos, pasa el de la moto y le grita:

—¡¡¡Cornudo y alcahueteeeeeee!!!

No hay caso. Hay que escuchar.

Para transitar el camino de la autodependencia, debo darme cuenta en esta etapa que con un solo espejo donde mirarme no alcanza; tengo que acostumbrarme a mirarme en todos los espejos que pueda encontrar.

Y es cierto que algunos espejos me muestran feo.

Un hombre camina por un sendero y encuentra al costado, sobre la hierba, un espejo abandonado.

Lo levanta, lo mira y dice:

"Qué horrible, con razón lo tiraron".

81

El primer paso en el camino del crecimiento es volverse un valiente conocedor de uno mismo. Un conocedor de lo peor y lo mejor de mí.

Cuando yo hablo de esto, mucha gente me pregunta si ocuparse tanto tiempo de conocerse no es demasiado individualista.

Yo creo que no, aunque confieso que mi desacuerdo se dirige más a la palabra "demasiado" que a la palabra "individualista". Porque individualista sí soy, y encima ni me avergüenzo.

Por mi parte, estoy convencido de que solamente si me conozco voy a poder transitar el espacio de aportarte a vos lo mejor que tengo.

Solamente conociéndome puedo pensar en vos.

Creo que es imposible que yo me ocupe de conocerte a vos antes de ocuparme de mí.

Es innegable que yo voy a poder ayudar más cuanto más sepa de mí, cuanto más camino tenga recorrido, cuanta más experiencia tenga, cuantas más veces me haya pasado lo que hoy te pasa.

Por supuesto, hay miles de historias de vida de personas que han ayudado a otra gente sin ningún conocimiento, con absoluta ignorancia y portando como única herramienta el corazón abierto entre las manos. Son los héroes de lo cotidiano.

Es verdad. No todo es la cabeza, no todo es el conocimiento que se tiene de las cosas. Saberme no es imprescindible para poder ayudar, sin embargo, suma.

Y yo sigo apostando a sumar.

Sigo creyendo que es muy difícil dar lo que no se tiene.

DARSE CUENTA

Mi idea del autoconocimiento empieza por recordar que:

No es que uno tenga un cuerpo, sino que uno es un cuerpo.

No es que uno tenga emociones, sino que uno es las emociones que siente.

No es que uno tenga una manera de pensar, sino que uno es su manera de pensar.

En definitiva, que cada uno de nosotros es sus pensamientos, sus sentimientos, su propio cuerpo y es, al mismo tiempo, algo más: su esencia.

Cada uno de nosotros debe saber que es todo aquello que la alegoría del carruaje nos ayuda a integrar.

Si pretendo saberme, debo empezar por mirarme con una mirada ingenua.

Sin prejuicios, sin partir desde ningún preconcepto de cómo debería yo ser.

Nunca podré saberme si me busco desde la mirada crítica.

Es bastante común y, digo yo, bastante siniestro, analizar nuestras acciones y pensamientos con frases del estilo:

"¡Qué tarado que soy!"

"Tendría que haberme dado cuenta..."

"¿Cómo puedo ser tan estúpido?"

"¡¡Me quiero matar!!"

Etc., etc.

Yo digo que si uno pudiera transformar eso en una actitud más aceptadora, más cuidadosa, si uno pudiera decir:

"Me equivoqué. La próxima vez puedo tratar de hacerlo mejor..."

"Quizá sea bueno tomar nota de esto..."
"Lo hice demasiado a la ligera, mi ansiedad a veces no me sirve..."
"De aquí en adelante voy a buscar otras alternativas..."

Entonces los cambios serían paradójicamente más posibles.

Nadie hace un cambio desde la exigencia.

Nadie se modifica de verdad por el miedo.

Nadie crece desde la represión.

Qué bueno sería dejar de estar ahí, criticones y reprochadores...

Este es el único camino porque, en realidad, yo voy a tener que estar conmigo por el resto de mi vida, me guste o no. Corta o larga, mucha o poca, es mi vida, y voy a tener que estar a mi lado.

La palabra amigo se deriva de la suma de tres monosílabos:

a-me-cum.

Aquel que está al lado, conmigo.

Qué bueno sería enrolarnos en esa lista.

Ya que voy a estar conmigo para siempre, qué bueno sería, entonces, ponerme conscientemente de mi lado...

Ya que estoy conmigo desde el principio y nadie sabe más de mí que yo (nadie, ni siquiera mi terapeuta), qué bueno sería ser un buen amigo de mí mismo, estar al lado mío haciendo y pensando en lo mejor para mí.

Querer hacer de mí mismo algo diferente de lo que soy no es el camino de saberse, es el camino de cambiarse. Y te digo desde ya lo que alguna vez repetiré más extensamente: intentar cambiarse no construye, es el camino equivocado, es un desvío, es una pérdida del rumbo.

El camino de saberse empieza en aceptar que soy este que soy, y trabajar partiendo de lo que voy descubriendo para ver qué voy a hacer conmigo, para ver cómo hago para ser mejor yo mismo, si es que me gusta ser mejor, pero sabiendo que está bien ser como soy, y en todo caso, estará mejor si puedo asistir a ese cambio.

A veces el cambio es explorar una ruta que nadie antes ha recorrido.

Permítanme poner como ejemplo mi propia experiencia en un área quizás poco trascendente, pero que me servirá como ejemplo:

En mi propio camino de autoconocimiento, me di cuenta que la gente se fastidiaba conmigo cuando yo no sabía contestar a la simple pregunta: "¿A qué te dedicás?".

No me sentía cómodo diciendo médico, ni psiquiatra, ni psicoanalista, ni psicoterapeuta. Así que descartaba todos esos calificativos.

Si bien tengo título de *Médico*, un médico es alguien que cura a la gente, y hace mucho comprendí que, por lo menos yo, nunca curé a nadie (cuanto mucho, alguien se curó a sí mismo al lado mío).

Psiquiatra ya no soy, porque un médico psiquiatra es alguien que se dedica a trabajar con enfermedades psiquiátricas, y si bien me entrené en la especialidad y trabajé durante más de diez años en hospitales e instituciones psiquiátricas como médico de planta, hace mucho tiempo que ya no lo hago.

Psicoanalista nunca llegué a ser porque en ningún momento apoyé mi trabajo en esa escuela: el psicoanálisis.

Psicoterapeuta podría ser, pero tampoco me dedico a hacer todo el tiempo psicoterapia, y encima la palabra terapeuta se refiere a la atención de los enfermos y yo trabajo más tiempo con pacientes sanos que con enfermos que sufren.

¿Qué hacer?

Mirar. Mirarme. Darme cuenta que aquello que yo sabía de mí no se correspondía con ninguna profesión que yo conociera y aceptar que no podía definir mi trabajo con alguna de las palabras mencionadas que los demás se ocupaban de colgar de mí. Pero escuchaba su reclamo y su necesidad de saber a qué me dedicaba.

Esta demanda me ayudó a saber que también yo necesitaba definirme.

Ya me había discriminado, no era lo que los demás eran, pero ¿qué era?

Así que tuve que buscar una nueva manera de definirme.

Y la encontré: *ayudador profesional*.

Lo de *ayudador* por la ayuda, y lo de *profesional* porque estoy entrenado para el trabajo y cobro por hacerlo. No tiene que ver con ninguna otra cosa, no es porque "profese" alguna doctrina, sino porque dicho en buen romance, de eso vivo.

Algunos colegas critican mi definición porque opinan que la palabra *ayudador* no suena muy formal (ellos también se discriminan de mí, ¡¡bravo!!), y la verdad es que no es una opinión tan errada, sobre todo en la medida en que yo me ocupo arduamente de no ser formal.

Por otra parte, aunque a la gente no le guste, a mí me parece hermosa la palabra *ayudador*, creo que tiene mucho que ver con mi postura sobre el sentido de trabajar en salud mental.

El modelo gestáltico de terapia fue inventado por Fritz Perls.

Al principio de su carrera, Perls empezó diciendo que él

no podía curar a los pacientes y que, en lugar de la curación, él solamente podía ofrecerles el amor, que todo lo demás lo tenían que hacer solos. Más adelante les dijo que lo único que podía darles era herramientas, algunos recursos para que ellos se curaran a sí mismos.

En los últimos años de Esalem, cuando los pacientes lo iban a ver, Fritz les decía:

"Yo no tengo los recursos, y no tengo más amor para darte, no puedo darte ninguna cosa que no sepas, ni quiero hacerme responsable de tu sanación, lo único que puedo ofrecerte es un lugar donde vos, solo, vayas aprendiendo a ayudarte."

Esta idea me parece muy importante y muy fuerte, porque a partir de allí, el vínculo que se establece entre el profesional y el paciente es nada más (y nada menos) que una herramienta para que este se ayude a sí mismo.

A esto me refiero cuando digo que soy *ayudador profesional*.

Mi profesión consiste en ofrecer ayuda a otros a partir de haber leído algunas cosas que ellos no han leído ni experimentado. Esto es en realidad lo único que hago, ayudar a que te cures, a que crezcas, a que madures, a que te mires. Esto no es ni mucho ni poco, no lo digo con vanidad ni con modestia, lo digo porque de verdad creo que es así.

A partir de esto que digo, a veces se me pregunta si puede considerarse terapéutico hablar sobre los problemas de uno con un amigo.

Yo creo que sí. Estoy seguro de que una charla con un buen amigo puede ser muy terapéutica. En todo caso, lo triste es pensar que a veces alguien pueda llegar a un consultorio terapéutico porque no tiene amigos.

¿Quiere decir que los terapeutas no hacen falta?

No, en muchos casos, el lugar del psicoterapeuta no puede ser reemplazado por un amigo, así como los amigos cumplen funciones que no pueden ser reemplazadas por un terapeuta.

Y esta especificidad no tiene nada que ver con la supuesta objetividad del terapeuta, nadie es objetivo. No se engañen ni se dejen engañar. Para tener una visión objetiva tendríamos que ser un objeto. Si uno es un sujeto está condenado a dar solamente su propia visión subjetiva.

Por lo tanto, lo que un terapeuta, un ayudador, un psicólogo o un analista pueden dar es una mirada subjetiva desde el lugar de terapeutas, y este es un lugar diseñado en función del paciente para que él aprenda a ayudarse o a curarse a sí mismo.

Más que esto, me parece que nadie puede hacer.

Así fue como el hecho de poder escuchar el fastidio ajeno y registrar mi propia incomodidad me condujo a un lugar confortable de acompañarme a mí mismo. Lo poco académica que suena la palabra *ayudador* es justamente el punto: tiene mucho que ver conmigo y con mi manera poco académica de pensar estas cosas.

Para hacer lo que hoy hago, el haber estudiado medicina o el ser psiquiatra es casi un hecho accidental. Ciertas cosas que yo aprendí estudiando medicina y algunas de las que aprendí siendo psiquiatra me han servido de mucho, y otras no tanto. Muchas cosas las aprendí caminando por la calle, vendiendo medias en una estación de tren, estudiando teatro o disfrazándome de payaso para los chicos internados en el Instituto del Quemado.

En el camino profesional aprendí (como todos) más de mis pacientes que de mis colegas.

Aprendí a no desechar ninguna posibilidad de explorar mi interior, menos aún la que me brindaron los infinitos espejos de las miradas de los demás.

Es decir, creo que cualquiera de nosotros debería poner

al servicio de lo que hace todo lo que tiene, y de eso se trata este tramo del camino. De poner a disposición todos los recursos con los que cada uno cuenta.

Si es un recurso mío haber sido médico alguna vez, me parece que debería utilizar este recurso; si es un recurso mío haber estudiado teatro algún día para poder hacer esta cosa histriónica de contar un cuento, sería bueno que yo lo usara; si es un recurso mío haber viajado por algunas provincias del interior, haber hecho campamento o haber vivido en algún momento en un kibutz, seguramente es bueno para mí utilizar estos recursos para poder transmitir lo que he aprendido.

No hay que desechar lo aprendido por no estar conformes hoy con la situación vinculada a ese aprendizaje. Por ejemplo, si adquiriste tu capacidad de convencer a otros cuando eras vendedor, y hoy no trabajás como vendedor, la capacidad adquirida la podés usar para otras cosas que hoy te interesen, más allá de ser o no vendedor. Por ejemplo, para conseguir que tus alumnos comprendan mejor el difícil punto de la materia que estás explicando.

Es increíble cómo muchas personas reniegan de algunos recursos que tienen porque están enojadas con el tiempo, la circunstancia o el lugar donde los aprendieron. Simplemente no quieren utilizarlos. Si aprendieron a jugar al tenis con Fulana, y ahora están peleados con Fulana, entonces no juegan más al tenis.

¡¡¡Qué ridículo!!!

En cuanto a las parejas ocurre lo mismo. Pirulo se separa en una situación conflictiva, entonces resulta que todo lo que aprendió y consiguió en esa relación de pareja ahora lo abandona, quiere deshacerse de ello como si por haberlo aprendido en esa situación ahora ya no le pudiera servir. Estas personas no se dan cuenta que los recursos internos son justamente eso, internos, y por ende, le pertenecen a cada uno.

Un señor va a visitar a un sabio y le dice:

—Yo quiero que me enseñes tu sabiduría porque quiero ser sabio; quiero poder tomar la decisión adecuada en cada momento. ¿Cómo hago para saber cuál es la respuesta indicada en cada situación?

Entonces, el sabio le dice:

—En lugar de contestarte te voy a hacer una pregunta: Por una chimenea salen dos señores, uno de ellos con la cara tiznada y el otro con la cara limpia, ¿cuál de los dos se lava la cara?

—Bueno, eso es obvio —dice el hombre—, se lava la cara el que la tiene sucia.

Y el sabio le contesta:

—No siempre lo obvio es la respuesta indicada. Andá y pensá.

El hombre se va, piensa durante quince días y regresa contento para decirle al sabio:

—¡Qué estúpido fui! Ya me di cuenta: el que se lava es el que tiene la cara limpia. Porque el que tiene la cara limpia ve que el otro tiene la cara sucia y entonces piensa que él mismo también la tiene sucia. Por eso se lava. En cambio, el que tiene la cara sucia ve que el otro tiene la cara limpia y piensa que la de él también debe estar limpia. Por eso no se lava.

—Muy bien —agrega el sabio—, pero no siempre la inteligencia y la lógica pueden darte una respuesta sensata para una situación. Andá y pensá.

El hombre regresa a su casa a pensar. Pasados quince días vuelve y le dice al sabio:

—¡Ya sé! Los dos se lavan la cara. El que tiene la cara limpia, al ver que el otro la tiene sucia, cree que la suya también está sucia y por eso se lava. Y el que tiene la cara sucia, al ver que el otro se lava la cara piensa que él también la tiene sucia y entonces también se la lava.

El sabio hace una pausa y luego añade:

—No siempre la analogía y la similitud te sirven para llegar a la respuesta correcta.

—No entiendo —dice el hombre.

El sabio lo mira atentamente y le dice:

—¿Cómo puede ser que dos hombres bajen por una chimenea, uno salga con la cara sucia y el otro con la cara limpia?

La mayor parte de las veces, para encontrar la respuesta correcta lo único que hace falta es el sentido común.

Y es el sentido común el que, sin lugar a dudas, nos grita desde nuestro yo interno más sabio: ¡Utilizá todo lo que tenés para redoblar tu posibilidad de llegar adonde querés!

A todo esto que tenemos lo llamo recursos.

Así como el curso de un río es el lecho por el que el río corre, el curso de una vida es el camino por el que esa vida transcurre. Desde este punto de vista, toda herramienta que permite retomar el curso, recuperar el rumbo, reencontrar el camino o encontrar nuevas salidas ante las situaciones a resolver, es un recurso.

En nuestra vida nos encontramos con obstáculos que nos impiden el paso. Si uno quiere seguir avanzando va a tener que despejar el camino para continuar por él o encontrar otro curso para seguir. Es interesante asociar el término *recurso* con el verbo *recurrir*, porque de verdad es una asociación que mucha gente no puede hacer fácilmente.

Un recurso es un elemento interno o externo al cual nosotros recurrimos, es tomar de nuestra reserva la herramienta guardada para lograr un fin determinado, que puede ser disfrutar algo, solventar una dificultad, traspasar un obstáculo, encontrarse de cara con una situación, solucionar un problema.

> **Un recurso es toda herramienta
> de la cual uno es capaz de valerse
> para hacer otra cosa; para enfrentar,
> allanar o resolver las contingencias
> que se nos puedan presentar.**

En cierto modo, la mayoría de las herramientas nos vienen dadas, están disponibles, sin embargo algunas otras hay que fabricarlas.

Una de las diferencias entre los animales superiores y el hombre es la capacidad excluyente de este de fabricar algunas herramientas utilizando otras herramientas. Un mono puede agarrar un palo para cazar algunas hormigas, una paloma puede valerse de ramas para hacer un nido, pero lo que ningún animal puede hacer es fabricar una herramienta a partir de otra.

Hay muchos tipos de herramientas:

Algunas sirven para muchos fines y otras son muy específicas.

Algunas son simples y rudimentarias y otras extremadamente sofisticadas y difíciles de describir.

Algunas están siempre disponibles y otras hay que salir a conseguirlas.

Hay, por fin, algunas herramientas que se pueden usar intuitivamente desde la primera vez que uno las descubre; sin embargo, hay otras que habrá que aprender a utilizarlas.

Yo puedo tener una herramienta, pero si no sé usarla no me sirve. ¿Cómo podría servirme de una sierra eléctrica si no sé cómo se prende, cómo se usa, cómo se manipula? Lo más probable es que me lastime, que en lugar de hacer una cosa en mi beneficio haga algo que me perjudique.

Estas herramientas pertenecen a dos grandes grupos: recursos externos y recursos internos.

Ya hemos visto que desde muy pequeños hemos sido forzados a aprender qué es adentro y qué es afuera. No obstante, la mayoría de los pacientes que visitan un consultorio terapéutico sobreviven a un cierto grado de falta de conciencia en este punto. Y la consecuencia es nefasta. Se viven como propios algunos hechos y situaciones que en realidad son externos, o más frecuentemente, ven colocado afuera algo que en realidad está sucediendo adentro.

Por ello, es necesario hacer esta aclaración:

A todos aquellos recursos que están de la piel para adentro los llamaré *internos*, y a todos los que están de la piel para afuera, *externos*.

RECURSOS EXTERNOS

Los recursos externos son aquellas cosas, instituciones y personas que, desde afuera, me pueden ayudar a retomar el camino perdido.

La casa donde yo vivo, mi trabajo, el auto, el dinero de mi cuenta bancaria, son las cosas que forman parte de mis recursos externos. Si nosotros no contáramos con este recurso no podríamos solucionar muchas cosas. Ante un problema, por ejemplo, tenemos que hacer un gasto porque saltó la instalación eléctrica, ¿qué hacemos? Nuestros ahorros, nuestras reservas, son el recurso que utilizamos para resolver este problema.

En cuanto a las instituciones, aunque yo no me atienda en el hospital que hay a cinco cuadras de mi casa, ese hospital es un recurso; la obra social a la cual pertenezco es un recurso, la use o no, puedo valerme de ella. Otro tanto pasará con la facultad donde estudié, la biblioteca de mi barrio o la comisaría de mi zona.

Volviendo al ejemplo del gasto imprevisto, si mis ahorros no alcanzan (o no existen) puedo ir al banco más cercano a pedir un crédito.

También las personas pueden ser recursos. Nuestros amigos, maestros y familiares son algunas de las personas a las que solemos recurrir. Quizás alguno de ellos pueda prestarme el dinero si el banco me lo niega. Y quizás más todavía, mi amigo Alfredo, que es tan habilidoso, me quiera dar una mano para hacerlo.

Un ejercicio interesante puede ser anotar en una hoja los recursos externos que yo tengo, y sobre todo, quiénes son las personas de mi mundo con las que cuento y para qué cuento.

Con algunas personas cuento para divertirme, con otras para charlar, para que me den un abrazo cuando lo necesito, para que me presten dinero, para que me cobijen o me protejan o para que me den un buen consejo económico. En fin, esto es infinito. Les sugiero que investiguen con quiénes cuentan y para qué en cada caso.

Como es un ejercicio de uno para con uno, no hay necesidad de mentir. Al hacer esta lista es probable que nos llevemos algunas sorpresas. Por ejemplo, que una persona figure muchas veces; que alguien que a priori uno pensaba que no iba a figurar, figure tercero; que otro que uno había pensado que seguramente figuraría, no figure ni último...

A veces es necesario tener el coraje de pedir ayuda a alguien que representa un recurso externo. Una situación sin resolverse queda flotando, y una cantidad de nuestra energía quedará atrapada en esa situación y no se podrá seguir adelante.

Hay que aprender a pedir ayuda sin depender y hay que aprender a recibir ayuda sin creer que uno está dependiendo.

Cuidado...

Recibir ayuda no es lo mismo que depender.

RECURSOS INTERNOS

En el fondo de mi casa hay un cuarto de herramientas. Tengo allí todas las herramientas que podría necesitar para las tareas con las que me enfrento a diario.

¡Es increíble! Hubo una época de mi vida en la que todavía no había descubierto la existencia de este cuarto del fondo. Yo creía que en mi casa simplemente no había un lugar para las herramientas. Cada vez que necesitaba hacer algo tenía que pedir ayuda a alguien o pedir prestada la herramienta necesaria. Me acuerdo perfectamente el día del descubrimiento: Yo venía pensando que debía tener siempre a mano las herramientas que más usaba y estaba dispuesto a hacerme de ellas, pero me quedé pensando que antes debía encontrarles un lugar en mi casa para poder guardarlas. Recordaba con nostalgia el cuartito de chapa del fondo de la casa de mi abuelo Mauricio y tenía muy presente mi inquietud de aquel día en que llegué a casa con MI primera herramienta. Me desesperaba pensar que se me podía perder si no le encontraba un lugar. Al final, por supuesto, la había apoyado

en un estante cualquiera y todavía recuerdo en los puños la bron-
ca de no encontrarla cuando la necesitaba y tener que ir a bus-
carla a las casas de otros como si no la tuviera.

Así fue que salí al fondo pensando en construir un cuartito
pequeño en el rincón izquierdo del jardín. Qué sorpresa fue en-
contrarme allí mismo, en el lugar donde yo creía que debía estar
mi cuarto de herramientas, con una construcción bastante más
grande que la que yo pensaba construir. Un cuarto que después
descubrí, estaba lleno de herramientas.

Ese cuarto del fondo siempre había estado en ese lugar y, de
hecho, sin saber cómo, mis herramientas perdidas estaban ahí
perfectamente ordenadas al lado de otras extrañas que ni sabía
para qué servían y algunas más que había visto usar a otros pero
que nunca había aprendido a manejar.

No sabía todavía lo que fui descubriendo con el tiempo, que
en mi cuarto del fondo están TODAS las herramientas, que todas
están diseñadas como por arte de magia para el tamaño de mis
manos y que todas las casas tienen un cuarto similar.

Claro, nadie puede saber que cuenta con este recurso si ni si-
quiera se enteró de que tiene el cuartito; nadie puede usar efectiva-
mente las herramientas más sofisticadas si nunca se dio el tiempo
para aprender a manejarlas; nadie puede saberse afortunado por
este regalo mágico si prefiere vivir pidiéndole al vecino sus herra-
mientas o disfruta de llorar lo que dice que a su casa le falta.

Desde el día del descubrimiento no he dejado de pedir ayuda
cada vez que la necesité, pero la ayuda recibida siempre terminó
siendo el medio necesario para que, más tarde o más temprano,
me sorprendiera encontrando en el fondo mi propia herramienta
y aprendiera del otro a usarla con habilidad.

Los recursos internos son herramientas comunes a todos, no hay nadie que no los tenga.

Uno puede saber o no saber que los tiene, uno puede
haber aprendido a usarlos o no.

Podrás tener algunas herramientas en mejor estado que otros, que a su vez te aventajarán en otros recursos. Pero todos tenemos ese "cuartito de herramientas" repleto de recursos, suficientes, digo yo, si nos animamos a explorarlo...

La seducción, por ejemplo, es un recurso prioritario e importante, una herramienta que mucha gente cree que no tiene. Y yo digo: "No buscó bien". En la relación con los otros, si uno no puede hacer uso de este recurso, de verdad, le va mal. Alguien que no puede hacer uso ni siquiera mínimamente de su seducción, no sólo no puede conseguir una pareja, tampoco podrá lograr un crédito en un banco o un descuento en una compra.

Seducir no es "levantarse" a alguien, seducir tiene que ver con generar confianza, simpatía, con generar una corriente afectiva entre dos personas. Seducir tiene que ver con la afectividad de todas las relaciones interpersonales. Muchos piensan que la seducción es un don natural, y en parte es cierto, pero también es un don universal y entrenable.

AUTOCONCIENCIA Y DARSE CUENTA

El camino del crecimiento personal empieza por el autoconocimiento, y este por la autoconciencia, que es también el primero y el principal de los recursos internos.

Cuanto más hábil sea yo en el uso de esta herramienta, más rápido avanzaré por el camino y más efectivo será mi accionar.

Pero uno va aprendiendo que hay herramientas que se combinan, recursos que se suman y optimizan. El ser consciente de mí hay que relacionarlo con la capacidad de darse cuenta del afuera. Es decir, si yo no puedo darme cuenta de lo que está pasando, no puedo hacer ninguna evaluación, no puedo razonar, no puedo hacer ningún pronóstico, no puedo elaborar la acción que a mí me conviene realizar.

Cuentan que había un papá que tenía un hijo que era un poco tonto. Llama al hijo y le dice:
—¡Vení para acá! ¡Andá hasta el almacén y fijate si yo estoy ahí!
—Sí, papá —dice el nene.
El padre le comenta a su amigo:
—¿Te das cuenta? Es tan tonto que no ve que si estoy acá no puedo estar allá.
Entretanto, el nene se encuentra con un amiguito que le dice:
—¿Adónde vas?
—Voy hasta acá a la esquina, mi papá me mandó a ver si estaba ahí. ¡Es tan bobo mi papá! ¿Cómo me va a mandar a ver si está en la esquina?
Y el amiguito le dice:
—Claro, ¡podría haber hablado por teléfono!

ASERTIVIDAD

Después del darse cuenta de uno mismo, para mí el recurso más importante es la capacidad de defender el lugar que ocupo y la persona que soy, la fuerza que me permite no dejar de ser el que soy para complacer a otros. Me refiero a la capacidad que tiene cada uno de nosotros para afirmarse en sus decisiones, tener criterio propio y cuidar sus espacios de invasores y depredadores. En psicología se llama asertiva a aquella persona que, en una reunión, cuando todos están de acuerdo en una cosa, puede decir, siendo sincero y sin enojarse: "Yo no estoy de acuerdo".

No estoy hablando de ser terco, estoy hablando de mostrar y defender mis ideas. Estoy hablando también, por extensión, de la capacidad para poner límites, de la valoración de la intuición y de la validez de la propia percepción de las cosas. Estoy hablando de no vivir temblando ante la fantasía de ser rechazado por aquellos con los cuales no acuerdo. Estoy hablando, finalmente, del coraje de ser quien soy.

EMOCIONES

Para hablar de sentimientos vamos a tener que ponernos de acuerdo sobre su significación. Como su nombre lo indica, una emoción (e-moción) es un impulso a la acción. Cada respuesta afectiva es la antesala de la movilización de energía que necesito para ponerme en movimiento. Por eso los afectos son parte de los recursos internos, cuento con ellos para destrabarme.

¿Cuáles son estos recursos afectivos?

Todo aquello que soy capaz de sentir, todo, las llamadas buenas y las llamadas malas emociones, lo positivo y lo negativo (?), desde el amor hasta el odio, desde el rechazo hasta el deseo. Entran allí las escalas de valores, la voluntad, la atracción, la tristeza, los miedos, la culpa y, por supuesto, el propio amor del que hablamos.

Cuando yo estudiaba la Biblia con el rabino Mordejai Ederi, él solía llamarnos la atención sobre algunas aparentes contradicciones en el texto sagrado, esto es, pasajes en los cuales se decía una cosa y pasajes que más adelante parecían decir (o literalmente decían) otra distinta. Mordejai siempre aludía a que estas contradicciones estaban hechas a propósito para poder mostrar algo. Recuerdo que él citaba un pasaje bíblico que dice: "Sólo se puede amar aquello que se conoce" y otro que establece: "Sólo se puede conocer aquello que se ama" (y lo peor de todo es que ambos suenan lógicos y consistentes). La pregunta que Mordejai nos instaba a hacernos era obvia: ¿Cómo es, primero se conoce y después se ama o primero se ama y después se conoce?

Aprendimos de su mano que esta contradicción quizás esté allí para indicar que ambas cosas suceden al mismo tiempo, porque uno conoce y ama al mismo tiempo, y cuanto más conoce más ama y cuanto más ama más puede conocer. Dicho de otra manera, no puedo amar algo que no conozco y no puedo conocer algo que no amo.

El amor es en sí mismo un camino que habrá que recorrer de principio a fin, pero por ahora tan sólo quiero establecer la necesidad de saber que necesito de mi capacidad afectiva para darme cuenta del universo en el que vivo. ¿Cómo podría tener ganas de tomarme el trabajo y correr los riesgos de salir a conocer el mundo si no me sintiera capaz de amarlo?

Ya dijimos que un recurso es una herramienta interna que nos permite retomar el camino.

El amor es entonces una herramienta privilegiada para conectarme con el deseo de seguir el curso.

Las emociones se sienten más allá de que a uno le guste o no sentirlas, más allá de que quiera sentirlas con más o menos fuerza, más allá de la propia decisión. Sin embargo, si bien no puedo ser dueño de mis sentimientos, sí puedo ser dueño de lo que hago con mis sentimientos, adueñarme de ellos, y ese adueñarme responsablemente de lo que siento quizás sea la verdadera herramienta.

ACEPTACIÓN

Si uno va al diccionario, *conformar* quiere decir adaptarse a una nueva forma y también adoptar una cosa la forma de otra. Digo yo, entonces, que conformarse debe tener para nosotros también dos significados: uno fuerte y constructivo y otro oscuro y destructivo. La manera positiva del conformarse se llama aceptación y la manera negativa se llama resignación. Yo puedo conformarme aceptando las cosas como son, o puedo conformarme resignándome a que las cosas sean como son.

Cuando yo acepto, digo:

"Esto es así, cómo hago para seguir adelante con esta realidad".

En cambio, cuando me resigno, lo que hago es apretar los dientes y decir: *"¡La puta que lo parió, es así y me la tengo que bancar!"*

Esta diferencia se basa en que el conformismo de la aceptación implica la serenidad de la ausencia de urgencias para el cambio, mientras que el conformismo de la resignación implica forzarse a quedarse anclado en la bronca, diciendo que me banco lo que sucede cuando en realidad sólo estoy agazapado esperando la situación y las condiciones para saltar sobre el hecho y cambiarlo, o postergando la demostración de mi enojo.

Hay quienes creen que, en realidad, hay que conformarse de cualquier manera, aceptando o resignándose, y hay quienes creen —como yo— que la aceptación es un camino deseable y la resignación no lo es.

Seguramente, hay cosas en la vida de cada uno, cosas que pasaron, que no podrían ser aceptadas jamás, y en esos casos sólo queda resignarse. Si alguien ha pasado por esos dolores inconmensurables como podría ser la muerte de un ser muy querido, ¿cómo podría, de verdad, aceptarse algo así? En este caso, como en un primer momento lo único que queda es resignarse, el conformismo de la resignación aparece como la única salida. Cuando lleguemos a *El camino de las lágrimas* será la hora de volver sobre este punto.

Podríamos quedarnos hablando sobre los recursos infinitamente; baste por ahora esta pequeña nómina de las herramientas que encontré en mi cuartito y en el de todos los que conocí:

Recursos Internos

Autoconciencia
Capacidad de darse cuenta
Asertividad
Habilidades personales
Capacidad afectiva
Inteligencia
Principios morales
Fuerza de voluntad
Coraje
Seducción
Habilidad manual
Histrionismo
Carisma
Mirada estética
Tenacidad
Capacidad de aprender
Creatividad
Percepción
Experiencia
Intuición
Planteo ético
Aceptación

Estas herramientas son nada más que unas pocas de las que están, te aseguro, guardadas en el cuarto que quizás nunca viste del fondo de tu casa. No importa que no las uses todos los días; no las saques, no renuncies a ellas, ni siquiera dejes de practicar con cada una de vez en cuando; ellas tienen que estar allí, quizás las necesites mañana.

Cada uno va a usar estas herramientas para lo que quiera.

Las buenas herramientas no garantizan que el fin para el cual puedan ser utilizadas sea bueno.

Como sucede con todas las herramientas, no sólo hay que saber usarlas, sino que será necesario dirigir su uso. Esto es, uno puede utilizar los mismos recursos para cosas maravillosas o para cosas terribles. Si tengo un martillo, un serrucho, clavos, tornillos, maderas y metales, yo puedo utilizarlos para construir una casa o para fabricar una horca.

El objetivo es personal; la herramienta da la posibilidad, pero la intencionalidad de quien la usa es lo que vale.

CAPÍTULO 6. DECISIÓN

Más adelante en el camino de la autodependencia, tendremos que conquistar la **autonomía**, quizás el tramo más difícil de este recorrido.

¿A qué se referirá esta palabra que nos suena tan técnica y que generalmente asociamos con la política, la aeronavegación o los equipos directivos estratégicos de instituciones, pero nunca o casi nunca con personas comunes?

La palabra *autonomía* se compone de la suma de dos conceptos: auto-nomía. Empezando por el final, "nomía" deriva del griego *nomos*, que quiere decir ley, norma, costumbre, y de su extensión *nomia*: sistematización de las leyes, normas o conocimientos de una materia especificada (así, _astronomía_ es la ciencia que sistematiza los conocimientos y las reglas que regulan el movimiento de los astros, _economía_ la que sistematiza el saber relacionado al _ekos_: casa, lugar, entorno, etc.). El comienzo de la palabra es nuestro ya conocido "auto", que significa: por uno mismo, de sí mismo.

Autónomo, etimológicamente, es aquel capaz de administrar, sistematizar y decidir sus propias normas, reglas y costumbres. Y si yo quiero ser autodependiente, primero voy a tener que animarme a ser autónomo, es decir, a establecer mis propias normas y a vivir de acuerdo con ellas.

Esto no necesariamente supone vivir bajo la ley de la selva, porque imponerse las propias normas no quiere decir que yo desconozca, descarte o desprecie las existentes en la sociedad. Mis normas pueden ser coincidentes con las de otros[11].

De hecho, yo puedo revisar las normas y encontrarlas muy adaptables a mí, en absoluta sintonía con lo que pienso y creo; y aun así es importante que goce de esta posibilidad de cuestionar, corregir y reemplazar.

Me parece que una parte del trabajo de vivir en sociedad es encontrarme rodeado de aquellos que en libertad eligen las mismas normas que yo.

Sostener normas coincidentes con las de la sociedad en la que vivo es una manera de asegurar una vida más serena y más feliz, porque es muy difícil ser feliz a contrapelo de todos los demás.

Cuentan de un hombre que en pleno centro de la ciudad de Buenos Aires conduce su automóvil a contramano por la importante avenida Santa Fe.

Escucha por su radio un reporte de tránsito que dice:

"Un automóvil se desplaza por la avenida Santa Fe en sentido contrario".

El hombre mira al frente y exclama:

"¡Un auto dice! ¡Ja! ¡Como mil hay! ¡Como mil!..."

Yo puedo fijarme mis propias normas y llegar a ser totalmente autodependiente, pero esto no quiere decir ignorar desafiante las leyes. En el peor de los casos significará el permiso de cuestionarlas.

Puedo imponer mis reglas a mi vida pero eso nada tiene que ver con imponerte mis normas a vos.

Hay una anécdota de la vida del Dr. Fritz Perls que siempre me fascinó.

Fritz era ya un reconocido terapeuta en los Estados Unidos.

Un sábado en el centro de conferencias del Centro Evangelista de Big Sur, en California, se organiza una conferencia entre cuatro representantes emblemáticos de las escuelas terapéuticas en los Estados Unidos. Estaban allí convocados Rogers, Skinner, Wittaker y el propio Perls.

La cita era para las diez.

Un poco más tarde y pidiendo disculpas (como siempre) llega Fritz. Está vestido con su clásica cazadora beige arrugada (decía que no tenía mucho sentido sacarse la ropa cuando uno va a acostarse si piensa volver a ponérsela a la mañana siguiente), y un par de sandalias de cuero; lleva su larga barba de profeta desarreglada y el poco pelo despeinado por el viento.

Los organizadores anuncian el comienzo de las ponencias y Carl Rogers empieza a hablar.

Muy interesado por lo que escucha, Fritz se apoya en el escritorio y automáticamente saca un papel de cigarrillo del bolsillo superior de la chaqueta, se arma un cigarrillo, lo enciende y sigue atentamente la exposición mientras exhala grandes bocanadas de humo blanco.

De pronto, un hombre de la comunidad se acerca y le susurra:

—Disculpe Dr. Perls, este es un templo y aquí no se permite fumar, perdone.

Fritz apaga el cigarrillo enseguida en una hoja de papel y dice:

—Perdone usted. Yo no lo sabía.

Unos minutos después, discretamente, Fritz sale en dirección al hall.

Rogers termina de hablar. Quinientos médicos y psicólogos aplauden sus palabras. Skinner empieza su presentación y el hombre de la comunidad se da cuenta que el Dr. Perls no ha vuelto a entrar. Sale al hall a buscarlo; ya debe haber terminado su cigarrillo, pero no lo ve. Va a los baños y no lo encuentra. Sale a la calle pero el invitado ha desaparecido. Preocupado, llama a la casa del Dr. para avisar de lo ocurrido.

Atiende el propio Dr. Perls.

—*Hola.*

El hombre reconoce su típica ronca voz.

—*Dr. Perls, ¿qué hace usted ahí?*

—*Yo vivo aquí —contesta Fritz.*

—*Pero usted debería estar aquí, no en su casa —argumenta el hombre un poco enardecido.*

—*Perdón, ¿no fue usted el que me dijo que allí no se puede fumar?*

—*Sí. ¿Y?*

—*Yo fumo. De hecho soy un fumador. Los lugares donde está prohibido fumar no son para mí.*

—*Bueno, doctor. Si para usted es tan importante...*

—*No. Yo soy incapaz de contrariar la decisión del lugar. No me parece justo.*

—*Tampoco es justo que la gente que quería escucharlo no lo escuche.*

—*Es verdad, pero esa no es mi responsabilidad. Las personas que me invitaron debieron advertirme que yo no podría fumar, entonces les hubiera avisado que no contaran conmigo. Ahora no tiene remedio.*

Y me parece ver en esta actitud un canto a la libertad individual, pero también un himno al respeto por las decisiones de los demás.

Porque si soy autónomo, no puedo elegir más que desde mi libertad, aunque muchas veces tenga que pagar un precio por ello[12].

Parece que nuestro planteo se desplaza. Definida la autonomía, nos queda saber a qué vamos a llamar libertad.

Cuando uno empieza a pensar en este tema, la primera idea que aparece es casi siempre la misma:

Ser libre es poder hacer lo que uno quiere.

Y entonces, la pregunta que se dibuja es: ¿Existe realmente la libertad?

Porque sabemos que nadie puede hacer "todo" lo que quiere...

Nadie puede, por lo tanto, ser totalmente libre.

Si nos detenemos brevemente no podremos evitar llegar hasta esa horrible conclusión:

Que no podemos ser libres. Por lo menos no absolutamente libres.

Y nos consolaremos pensando que, por lo menos, podemos conquistar algunas libertades.

Por ejemplo, la libertad de pensamiento.

Acaso un poquito limitados por nuestra educación, y un poco más aún restringidos por las influencias de la publicidad, creo que podríamos acordar que tenemos la libertad absoluta de pensar lo que se nos venga en ganas, sin restricciones, sin censuras, sin impedimentos.

Sin embargo, cuando nos preguntamos si somos libres, sinceramente, ¿nos referimos a esta idea de libertad? Parece ser que no. Porque al reducir el concepto de libertad al pensamiento, estaríamos omitiendo una serie de aspectos importantes que tienen que ver con lo fundamental de nuestra vida, afortunadamente mucho más ligada a la acción que al pensamiento. Si algo me define en mi relación con el universo, esto es mucho más lo que hago que lo que pienso, y en el mejor de los casos, lo que hago con lo que pienso.

Llegados aquí, el asunto es el siguiente:

¿Para qué me sirve pensar libremente si no puedo actuar?

Conformarme sólo con la libertad de pensamiento conduce a no tener el espacio en el cual vivir mi vida. Sería como armar un mundo virtual de infinitos "como si" computados y programados. Un mundo de fantasía sin sorpresas con el propio intelecto como protagonista. Un "mundo feliz", como el de Huxley, absolutamente previsible y tedioso.

Una obra de teatro con infinitos ensayos pero nunca estrenada.

La libertad de pensar es muy importante, pero no ganamos nada si no somos capaces de hacer algo con lo que pensamos, si no podemos convertirla en acción, aunque sea una pequeña acción para nosotros mismos.

La acción, en cambio, puede cambiar nuestra inserción en el mundo, puede sorprendernos con lo imprevisto y, a su vez, terminar modificando lo que pensamos.

En una de mis charlas sobre este tema, una joven dijo: *"Eso pasa mucho con la gente grande, están todo el tiempo pensando"*.

Y hay mucho de verdad en esta afirmación.

Yo no tengo nada en contra de pensar, sencillamente digo que la libertad de pensar, sola, no conduce a nada y no es una libertad de la cual uno se pueda ufanar.

Lo que importa del ejercicio de la libertad tiene que ver con la acción, con la libertad de hacer.

Al respecto, si confirmamos que <u>Nadie puede hacer Todo lo que Quiere</u>, debemos aceptar con resignación que la libertad absoluta no existe.

A partir de aquí, nos encontramos con tres alternativas:

Sostener que una libertad con limitaciones no es tal y que, por lo tanto, el concepto de libertad es una ficción inexistente. Admitir que la libertad absoluta no existe, pero que una libertad relativa, limitada, condicionada, no deja de ser libertad. O salir al encuentro de una nueva posibilidad.

Quisiera olvidar la primera alternativa lo antes posible, porque me cuesta admitir que la libertad sea una ficción. Sin embargo, es cierto que concibo la libertad deseada como un hecho binario, se es libre o no se lo es. No me parece razonable sostener la existencia de una "casi libertad". ¿Será así, como una tecla de luz: sí o no? ¿O será como la mayoría de la gente sostiene, que la libertad es un tema de grados? Es decir, que se puede ser más libre, más libre, más libre... y menos libre, menos libre, menos libre... ¿Cuatro grados de libertad, seis, ocho, veinticinco...? ¿Será un asunto de más y de menos, como un potenciómetro? ¿Se puede ser libre a medias?

Si no encontráramos otra salida, deberíamos contemplar la posibilidad de estar hablando de una de esas virtudes teologales teóricamente claras pero inalcanzables en la práctica.

Carlitos tiene catorce años y es el nuevo cadete, además de ser el sobrino predilecto de don Alberto, dueño y presidente del directorio de la gran empresa metalúrgica.

A las nueve de la mañana, mientras toma un café con leche en la oficina principal, Carlitos le dice al ejecutivo:

—Tío, viste que estoy yendo al colegio a la noche; bueno, hoy tuvimos clase de lógica y la profe explicó el concepto de teoría y práctica, pero yo me hice un lío bárbaro y al final no entendí nada. Ella dijo que si no entendíamos lo pensáramos sobre un ejemplo y a mí no se me ocurre nada. ¿Me darías un ejemplo para que yo lo entienda?

—Sí, Carlitos... A ver... Andá a la cocina y decile a María, la cocinera, que te diga la verdad, decile que hay un cliente de la empresa que se quiere acostar con ella y que nos ofrece cien mil dólares por una noche, preguntale si ella se acostaría con el cliente a cambio de diez mil dólares...

—Pero tío...

—Andá, hijo, andá.

El chico hace la pregunta y la cocinera, una bonita morocha de unos cuarenta largos, le dice:

—¡¡¡Diez mil dólares!!! Y... mirá, la situación está tan difícil, mi marido trabaja tanto y los gastos son enormes. Así que... Sí, seguro que lo haría. Pero sólo para ayudarlo a él, ¿eh?

El chico vuelve y le cuenta a su tío con sorpresa:

—Dijo que sí, tío, la cocinera dijo que sí.

—Bueno, ahora andate hasta la recepción y hablá con la rubia de minifalda y pedile que te diga la verdad; contale que hay una fiesta para dos clientes del exterior que pagarían cien mil dólares si les conseguimos una rubia como ella por una noche, preguntale si se iría a la cama con los dos por un cheque de diez mil.

—Pero tío, si Maribel tiene novio...

—Preguntale igual.

Al rato el chico vuelve asombrado.

—Tío Alberto... dijo que sí...

—Muy bien, hijo... prestá atención: En "teoría" estamos en condiciones de hacernos de doscientos mil dólares. Sin embargo, en la "práctica" lo único que tenemos son dos putas trabajando en la empresa.

O bien la Libertad, así con mayúscula, es un mito teórico y en la práctica no existe, o bien la libertad existe pero limitada a ciertas condiciones. El problema está en que si definimos las limitaciones de esa libertad, otra vez aterrizamos en el punto indeseado: que la libertad no existe.

Y si la libertad no existiera, no existiría la autonomía.

Y si la autonomía no existiera, no existiría la autodependencia.

Y si la autodependencia no existiera, y sabiendo que la independencia tampoco existe, no nos quedaría otra posibilidad que la dependencia...

Y entonces, entre otras cosas, habríamos llegado hasta aquí inútilmente.

¡¡Me niego!!

Veamos ahora qué pasa cuando consideramos una libertad con límites:

¿Límites impuestos por quién?

¿Quién decide "lo que se puede" y "lo que no se puede" hacer?

Las respuestas que comúnmente encuentro ante estos interrogantes se podrían reunir en dos hipótesis: las pautas sociales (que hacen responsable a la ley) y las pautas personales (más relacionadas con la moral cultural).

En todo caso, en las charlas aparece siempre la clásica respuesta:

"La libertad de uno termina donde empieza la libertad de los demás".

No hay muchas cosas que uno recuerde del colegio secundario:

El dúo de Vilcapugio y Ayohúma.

El trío de musgos, algas y líquenes.

Y la frase mágica que todo lo explica: La libertad de uno termina donde empieza la libertad de los demás.

Me parece encantador y nostálgico, pero creo que la libertad no funciona de este modo.

Mi libertad no termina donde empieza la libertad de nadie.

Dicho sea de paso, este es un falso recuerdo, porque la frase se refiere al derecho, no a la libertad.

Tu derecho no frena mi libertad, en todo caso legisla sobre las consecuencias de lo que yo decida hacer libremente. Quiero decir, la jurisprudencia y la ley informan sobre la pena por hacer lo que está prohibido, pero de ningún modo evitan que lo haga.

Si la libertad es hacer lo que uno quiere dentro de ciertos límites, y estos los van a determinar los demás, la libertad personal termina dependiendo de lo que el otro me autorice a hacer. El concepto mismo de libertad se derrumba y se termina pareciendo demasiado a los tipos de dependencia de los que hablamos...

Si nos quedáramos con este planteo, estaríamos volviendo a la idea de la libertad decidida por los demás; y creo que es obvio que esta libertad se parece mucho a una esclavitud, aunque el amo sea gentil y comprensivo, aunque el amo sea impersonal y democrático, aunque el amo sea la sociedad toda y no un individuo.

Imaginemos juntos: Un esclavo que pertenece a un amo muy bondadoso, un amo que lo autoriza a hacer casi todo lo que quiere; un amo, en fin, que le da muchísimos permisos, la mayoría de ellos negados a otros esclavos de otros amos, y aun más, muchos permisos que el mismo amo les niega a otros esclavos. Pregunto: este trato tan preferencial, ¿evita que llamemos a esto esclavitud? Obviamente la respuesta es NO.

Si son otros los que deciden qué puedo y qué no puedo hacer, por muy abierto y permisivo que sea mi dueño, no soy libre.

Nos guste o no aceptarlo, somos libres de hacer cosas que vulneren las normas sociales; y la sociedad sólo puede castigar a posteriori o amenazar a priori sobre la consecuencia de elegir lo que las normas prohíben.

Así, nuestra única esperanza limitadora es dejar esta decisión en cada persona.

Desde este lugar cada uno analizará lo que piensa, lo que quiere y lo que puede y decidirá después qué hace.

Condicionado por estas pautas culturales, por la ética

aprendida o por la moral acatada, a veces uno cree que "no puede" hacer algo que lastime al prójimo. Alguien podría acercarse más a la razón con el viejo dicho inglés que alguna vez me enseñaron Julio y Nora: "I could... but I shouldn't" (que más o menos se podría traducir así: Yo podría... pero no debería).

Personalmente creo que hay que llegar más allá, y decir: Yo "puedo"... y si lo hiciera, esto diría algo de mí. Y más aún: si sabiendo que "puedo" hacer algo decidiera no hacerlo porque te daña, esto también diría algo sobre mí.

Otra creencia habitual es que la historia personal, el mandato interiorizado de nuestros padres, funciona como restricción a la libertad. Lo cierto es que seguramente es una dificultad, pero nunca una esclavitud. Porque puedo elegir aceptar, cuestionar o rechazar ese mandato, incluso puedo elegir trabajar para desacondicionarme de él[13].

Tu historia forma parte de vos, no está fuera de vos; tu historia, aunque vos por supuesto no la elegiste y condiciona tu existencia, ahora sos vos.

Mi historia, la que hace que yo elija comer peras y no duraznos porque en mi casa se comían peras, y que condiciona mi elección, no impide que yo elija. Forma parte de mí, yo soy este que ahora elige de esta manera, pero sigo siendo libre de elegir cualquier otra fruta. Mi condicionamiento consiste en mi tendencia a elegir siempre lo mismo, no en no poder elegir, que son cosas muy distintas.

Mi historia personal puede condicionar mi elección, pero no me quita la posibilidad de elegir.

En todo caso, si pudiendo elegir creyeras que no podés hacer lo que querés, no sos libre.

Sea como fuere, más allá de los demás y de mis propios condicionamientos, hay cosas que no podemos hacer. Podré salir desnudo a la calle, quizás pueda insultar a mi jefe en el banco, pero no importa lo libre que sea, no voy a poder salir volando por la ventana.

Esto implica aceptar que tenemos limitaciones concretas.

¿Es entonces la verdadera libertad una ilusión imposible de alcanzar?

¿Qué clase de libertad es una libertad condicionada siempre por algo?

Aquí estamos enredados en esta trama tejida por los que nos precedieron pensando este tema.

Hemos llegado al lugar deseado del comienzo del saber, hemos llegado a la confusión.

Me parece que para eso escribo, para confundir a todos, para transitar acompañado mis propias confusiones, para ver si de esa manera podemos llegar a algún lugar que nos sirva.

Creo firmemente que la única manera de hablar sobre temas filosóficos, y la libertad es un asunto filosófico, no psicológico, es confundiéndose.

Porque si tenés claro un concepto, y esa claridad depende de que nunca lo revisás, lo mejor que te puede pasar es que te lo empieces a cuestionar. Uno de nuestros recursos más importantes es la capacidad de entrar en confusión. Es lo único que puede dar lugar a nuevas verdades. Si uno no puede entrar en confusión respecto de los viejos sistemas de creencias, no puede descubrir nuevas cosas.

Descubrir nuevas cosas tiene que ver con explorar.

Explorar tiene que ver con sorprenderse.

Y sorprenderse implica confundirse.

Así que lo maravilloso de lo que nos pasa cuando pensamos: "¿Cómo puede ser, si yo pensaba esto y ahora no?", es que entramos en confusión.

Esta confusión sucede porque estamos en una APORÍA, como me enseña Alejandro, en un punto sin salida.

Otra vez Landrú acude en mi ayuda:

Cuando esté en un callejón sin salida, salga por donde entró.

Y todo el razonamiento que hicimos para sostener esta libertad, desde la partida, es en sí un razonamiento falso. Porque nuestra ardua tarea partió de una idea falsa, aunque en el medio hayamos pasado por conclusiones verdaderas.

El desvío proviene de confundir libertad con omnipotencia.

Porque la definición de la cual partimos ("la libertad es hacer lo que uno quiere") es la definición de omnipotencia, no de libertad.

Y no somos omnipotentes.

Nadie puede hacer todo lo que quiere.

Por mucho que yo quiera, aunque desee fervientemente que sin teñirme el pelo me crezca rubio, no sucede. ¿Por qué? Porque no está dentro de mis posibilidades. Pero no dejo de ser libre por eso. Del mismo modo, no puedo volar, no puedo evitar morir algún día, no puedo detener el tiempo, no puedo cientos de miles de cosas, y no dejo de ser libre por eso.

Además de las limitaciones que pueda tener nuestra cultura, instalar nuestra educación y determinar nuestra moral y nuestra ética, hay **limitaciones físicas** para poder hacer lo que uno desea.

Así, la libertad se define por la capacidad de elegir, pero las limitaciones que se debe imponer a esa capacidad no son aquellas condicionadas por los derechos del otro, sino por los hechos posibles.

¿Qué pasará con nosotros, cultura de humanos, sociedad del tercer milenio, que nos empeñamos en creer que ser libres es ser omnipotentes?

Poco más o poco menos, todos tenemos esta idea de libertad y entonces desde nuestra soberbia nos preguntamos: ¿Por qué no puedo hacer lo que yo quiero si soy libre?

Y cuando no podemos hacer todo lo que queremos... preferimos creer que no somos libres antes de aceptar que la definición es errónea, antes de aceptar que no somos omnipotentes.

Para no sofisticar tanto el tema, y para que no quede ninguna duda, utilizaré la fórmula de mi paciente Antonio que una tarde, al final de una sesión, irónicamente comentó:

—*Habrá que aceptarlo... ¡¡Hay cosas que NI YO puedo hacer!!*

Repito... No somos omnipotentes porque hay cosas que obviamente no podemos hacer realidad, y no tienen nada que ver con las leyes de los hombres, con las normas vigentes, con las limitaciones impuestas, con la educación ni con la cultura.

De hecho, alguien puede dimensionar la idea de ser omnipotente, de hacer todo lo que quiere, de volverse Dios. Sin embargo, desde el punto de vista filosófico y racional, ni siquiera Dios podría ser omnipotente.

¿Por qué? Los argumentos formales acerca de que Dios podría terminar con el mal en el mundo y demás, para los teólogos forman parte del plan divino que uno no entiende. Es decir, Dios sí sería omnipotente porque elegiría no hacer esto por razones inaccesibles para nosotros.

Pero hay un sofisma —un planteo lógicamente correcto,

pero que llega a una conclusión irracional o que no puede demostrarse como posible— que siempre me atrajo.

El sofisma respecto de la imposibilidad de la omnipotencia es el siguiente.

Planteo número uno: Dios existe.

Planteo número dos: Dios es omnipotente.

Planteo número tres: Si Dios es omnipotente puede hacer todo.

Planteo número cuatro: Por lo tanto, puede hacer una piedrita chiquita, y puede hacer una piedra enorme, también. ¿Puede Dios hacer una piedra tan grande y tan pesada que no la pueda levantar nadie, ningún ser humano sobre la Tierra? También. Pero... ¿puede hacer Dios una piedra tan grande y tan pesada que no la pueda levantar ni siquiera él mismo?

Ahora: Si no pudiera hacerla, entonces no sería omnipotente; ya que habría una cosa que no podría hacer. Y si pudiera en efecto hacerla, entonces habría una piedra que él no podría levantar, con lo cual tampoco sería omnipotente.

Muy lejos de ser un Dios, hay infinitas cosas que yo sé que no puedo hacer. Aunque quisiera en este preciso momento cerrar los ojos, abrirlos y estar en Granada con Julia, no está dentro de lo que fácticamente puedo elegir, y no dejo de ser libre por no poder hacer eso.

¿Pero puedo yo elegir ahora bajar a la calle y en lugar de tomarme un taxi ir caminando aunque llueva torrencialmente? **Sí**. ¿Puedo yo bajar a la calle y esconderme en un callejón y golpear con un palo a la primera persona que pase? **Sí**. Hacerlo o no, depende de mí y no de mi limitación en los hechos.

Es en ese terreno donde se juega la libertad, en las decisiones que tomo cuando elijo dentro de lo posible. Dicho de otra manera:

> **La libertad consiste en mi capacidad para elegir
> dentro de lo fácticamente posible.**

Esta definición implica que sólo se puede hablar de libertad bajo ciertas condiciones.

PRIMERA CONDICIÓN: LA ELECCIÓN DEBE SER POSIBLE EN LOS HECHOS

¿Es posible hacer esto? (No pregunto si es deseable, si está mal, si el costo sería carísimo o si a los demás les gustaría. Ni siquiera pregunto qué pasaría si todos eligieran esto o si las consecuencias serían impredecibles. Pregunto: ¿es posible hacerse?)

Lo fácticamente imposible es solamente aquello cuya imposibilidad depende de hechos concretos, cosas que no dependen de nosotros ni de nuestras opiniones ni de las opiniones de los otros.

Por ejemplo, pensemos en una situación determinada.

Me he comprometido a llevar a tres amiguitos de mis hijos a sus casas. Son las nueve menos veinte y tengo que repartir a todos antes de las nueve. Uno vive en Mataderos, otro en Belgrano y el tercero en Avellaneda.

¡Imposible! ¡No depende de mí en este momento el no poder hacerlo!

No es un tema de libertades. Yo no puedo elegir que sean las ocho para poder llegar a horario ni puedo conseguir que el otro papá se equivoque y piense que llego a las diez cuando quedé a las nueve, tampoco tener un avión en la puerta en lugar de un auto, no puedo elegir que el otro no viva en Belgrano y viva en Caballito o que Avellaneda esté al lado de Flores.

En este ejemplo yo puedo elegir a quién dejo primero, puedo elegir quién va a llegar a horario y quién no, puedo elegir por qué camino voy, puedo elegir llamar o no por teléfono para avisar que voy a llegar más tarde. Todo eso depende de mí, pero dentro de lo que no está en mis posibilidades, allí no puedo elegir.

La libertad es tu capacidad de elegir algo que está dentro de tus posibilidades. Para saber cuáles son las posibilidades, necesitás lucidez para diferenciar qué es posible y qué no lo es.

Cuando planteo este tema en las charlas, una de las primeras respuestas es: *"Cuando estoy enfermo o deprimido, no puedo elegir"*.

La depresión es una enfermedad de la voluntad, entonces hay cosas que verdaderamente un deprimido no puede hacer. Pero aunque no está dentro de sus posibilidades elegir, no deja de ser libre. Está enfermo, que es otra cosa. Y dentro de lo posible, el enfermo puede elegir hacer algo por su enfermedad o no, cosa que un enfermo terminal por ahí no puede hacer. Si es enfermo terminal no puede elegir no estar enfermo, porque estar enfermo o no estar enfermo no está dentro de las cosas que posiblemente uno pueda elegir.

Que yo tenga una ética que guía mi conducta no quiere decir que deje de ser libre, porque en realidad yo puedo seguir siendo libre y estar atado a mi ética, porque soy libre internamente, yo hago lo que quiero, sólo que algunas cosas no quiero hacerlas porque están en contra de mi moral.

Yo elijo de acuerdo a mi propia ética y a mi propia moral.

Pero, muchas veces, poner como condición para hacer tal o cual cosa el respeto por el otro, condicionar mi accionar para no dañarte u ofenderte, es muy parecido a decir: "Yo puedo hacer esto siempre y cuando a vos no te moleste"... ¿Dónde está la libertad?

Me dijo una señora:

"Yo quiero esta libertad siempre y cuando el otro no sufra, porque mi libertad y mi forma de proceder pueden hacer sufrir mucho al otro".

¿Cómo es esto? ¿Y mi sufrimiento por no ser libre?

Cuando yo digo que uno puede elegir hacer lo que quiere dentro de lo fácticamente posible, siempre aparece alguien que grita...

"¡Hay que respetar al prójimo!"

Y yo pregunto: ¿Qué hay que respetar? ¿Por qué hay que respetar? Yo quiero saber esto.

Y el que gritó no lo dice, pero piensa:

"¡Tiene que respetar! ¡No puede hacer lo que quiere! ¡Aunque quiera y pueda hacerlo... No puede!"

Los "¡No debe! ¡No puede! ¡Hay que respetar!" me llevan a preguntar...

¿Hay que respetar o soy yo el que elige?

Porque no es lo mismo "hay que respetar" que "yo elijo respetar"...

Y justamente, esa es la diferencia entre sentirse y no sentirse libre: darme cuenta que, en verdad, soy yo el que está eligiendo.

Una de las fantasías más comunes es creer que la libertad se dirige a molestar a otro. Esta idea proviene de la educación que recibimos y hay que descartarla. Porque el hecho concreto de que yo sea libre de hacer daño a otro no quiere decir que esté dispuesto a hacerlo. Es más, que yo sea libre para dañar al otro es lo único que le da valor a que yo no lo dañe.

Lo que le da valor a mis actitudes amorosas es que yo podría no tenerlas.

Lo que le da valor a una donación es que podría no haber donado.

Lo que le da valor a que yo haya salido en defensa de una ideología es que podría no haberlo hecho, o haber salido en defensa de la ideología contraria.

Y por qué no, lo que le da valor a que yo esté con mi esposa es que, si quisiera, podría no estar con ella.

Las cosas valen en la medida que uno pueda elegir, porque ¿qué mérito tiene que yo haga lo único que podría hacer? Esto no es meritorio, no implica ningún valor, ninguna responsabilidad.

Vez pasada pregunté en una charla qué cosas sentían que no podían hacer. Una señora de unos cincuenta años me contestó:

"Por ejemplo, no puedo irme hoy de mi casa y volver cuando se me ocurra".

¿Qué te hace pensar que no podés? ¿Qué es lo que te impide hacerlo?, le pregunté.

"Mi marido, mis hijos, mi responsabilidad... mi educación", me respondió.

Entonces le dije:

Vos en este momento planteás una fantasía, la de abandonar todo, y si en realidad no lo hacés, a pesar de que creas que no es así, es porque elegís no hacerlo. Quiero decir, porque elegís quedarte. Por si no queda claro: No te vas porque no querés. Estás haciendo uso de tu libertad. Vos sabés que podrías elegir irte, pero no te vas; sin embargo nadie podría retenerte si hubieras elegido irte. Preferís pensar que no podés y te perdés el premio mayor. Es justamente el ejercicio de la libertad lo que le confiere valor a cada decisión. Tu marido, tus hijos, tus nietos, la sociedad, las cosas por las cuales has luchado, claro que todo esto condiciona tu decisión, pero este condicionamiento no impide que tengas la posibilidad de elegir; porque otras mujeres con el mismo condicionamiento que el tuyo han elegido otra cosa. Recordemos la historia de "Yo amo a Shirley Valentine" (Willy Russell): La mujer que de pronto deja su casa para irse a pasear por el Egeo y se encuentra con Kostas, el marinero turco que le ofrece lo que en ese momento más busca.

Que uno haga lo que se espera de uno es también una elección, y tiene su mérito, nunca es un hecho automático. Que vos resignes algunas cosas como yo resigno otras es meritorio, porque es el producto de nuestra elección libre.

Nosotros podríamos haber elegido dejar de lado las cosas que tenemos, y sin embargo elegimos quedarnos con estas cosas.

Este es nuestro mérito, y merecemos un reconocimiento.

SEGUNDA CONDICIÓN:
LAS OPCIONES DEBEN SER DOS O MÁS

Para que haya elección debe existir más de una opción.

La cantidad de posibilidades está relacionada con mi capacidad y con el entorno en el que me muevo, pero no con la moral del entorno, sino con lo que es posible en el orden de lo real.

¿En qué situaciones existe sólo una posibilidad?

Una vez, en una de mis charlas, alguien puso el ejemplo de lo que ocurría durante la dictadura:

—*No se podía salir a la calle a decir "me opongo".*

—*Sí se podía... por eso están los muertos* —contestó una chica.

Y claro que podés, y porque podés es que hubo gente que murió por eso.

Y porque fue una decisión libre y porque otros no eligieron eso es que haberlo elegido tiene el valor que tiene.

Lo que importa saber es que aun en la dictadura uno sigue eligiendo, y hay que hacerse responsable de que uno decidió no jugarse la vida. No estoy haciendo un juicio ético. No estoy diciendo que habría que haberlo hecho. Estoy diciendo que cada uno eligió, con sus razones, y cada uno sabe qué piensa para sí.

Lo que realmente uno no puede elegir es el sentimiento. En ese sentido, no hay ninguna posibilidad de elegir y, sobre todo, es muy pernicioso tratar de hacerlo. Porque es muy perjudicial tratar de empujarnos a sentir cosas que no sentimos, o actuar como si las sintiéramos. Porque los sentimientos no se eligen, suceden.

En el resto de las situaciones, siempre podemos elegir. Porque aun en el caso extremo de que un señor me ponga un revólver en la cabeza y me diga: "Matalo a él o te mato", aun en ese caso puedo elegir.

Yo creo que todos podríamos justificar cualquiera de las dos elecciones. Si un señor me apunta y me dice: "Dame la plata o te mato", está claro cuál sería la elección que cualquiera de nosotros tomaría. Y nadie juzga.

"Entre la vida y el dinero, seguramente el dinero... —diría mi abuelo—. Después de todo, lo que importa es la plata, porque la salud va y viene..."

Toda vez que yo pueda decir sí o no, soy libre.

Cuando no tenga más remedio que decir sí, entonces no seré libre.

Cuando no tenga más remedio que decir no, entonces no seré libre.

Pero mientras tenga opción, hay libertad.

¿Por qué?

Porque hay más de un camino, y entonces puedo elegir.

Alguien dirá, como siempre... ¿Y los condicionamientos? ¿Y los mandatos? ¿Y la educación? ¿Y la moral y las buenas costumbres? ¿Y las cosas aprendidas?

Todos estos factores, por supuesto, achicarán los caminos posibles, disminuirán las opciones, harán que en lugar de tener cien posibilidades tenga, por ejemplo, cuatro.

Es la sensación de libertad y no la libertad la que está condicionada por la cantidad de posibilidades que tengo.

Cuantas más posibilidades de elección tengo, más libre me siento.

Esto se ve claramente en el tema del dinero.

¿Por qué existe en nosotros la idea de que el dinero da más libertad?

Porque aumenta algunas posibilidades. Entonces, al tener más posibilidades me siento más libre. A veces no tener dinero limita mis opciones a sólo dos y entonces muy libre no podré sentirme. Lo mismo para el ambiente social, lo mismo para la estructura familiar, lo mismo para el tipo de trabajo que hacemos.

El crecimiento conlleva un aumento de la sensación de libertad.

Crecer significa aumentar el espacio que cada uno ocupa. En la medida que haya más espacio, habrá más posibilidades.

Yo no aumento mi libertad cuando crezco, pero aumento mis posibilidades y entonces me siento más libre.

Si en el espacio pequeño que ocupaba no existía más que una posibilidad y en el espacio mayor que ocupo al haber crecido aparece una posibilidad más, entonces al crecer empecé a ejercer la libertad de elegir.

Piénsenlo en las relaciones que tienen con otras personas. Los amigos que no son posesivos, que no me asfixian, me ayudan a sentirme más libre. Al contrario, con la pareja posesiva, que me ahoga, me siento menos libre, porque la relación me resta posibilidades.

Es decir, me siento más libre cuando tengo más posibilidades, y menos libre cuando tengo menos.

TERCERA CONDICIÓN: LA RESPONSABILIDAD

Soy responsable por lo que elijo, justamente porque podría haber elegido otra cosa.

No puedo dejar de ser libre; por lo tanto, no puedo dejar de ser responsable de lo que elijo. No puedo dejar de ser responsable de mi propia vida.

El verbo "elegir" implica responsabilidad. Esto es:

—*¿Por qué lo hiciste?*

—*Porque yo quise.*

Responsabilidad no es obligación, es responder por lo que uno hizo.

Que otro me lo haya indicado o sugerido no quita que se trate de mi libertad de elegir y de mi decisión. Por eso la obediencia debida de los militares es una basura, una mentira. Porque alguien puede ordenarme lo que quiera, pero está en mí hacerlo o no. Y si lo hago me tengo que hacer —porque lo soy— responsable de lo que elegí.

La libertad no es liviana, a veces pesa. Porque si soy responsable, puedo llegar a sentirme culpable por lo que elegí, y puede pesarme tener que responder por esa elección.

Esto es interesante, porque hasta aquí la libertad de elegir era vivida como algo agradable y placentero, y ahora sentimos que si pudiéramos sacarnos de encima la posibilidad de elegir, delegarla, dejar que otro se hiciera cargo, nos sentiríamos muy aliviados o menos angustiados.

Querer o pretender que otro se haga cargo de nuestras elecciones es querer seguir siendo un nene chiquitito, para que otros elijan por nosotros.

¡Hay tanta gente que vive así! Vive muy incómoda, pero está convencida de que no tiene otra posibilidad porque no ha madurado en este sentido.

Digo que no van a poder escaparse de la idea de que son libres y por lo tanto responsables de todo lo que hacen. No hay manera de que se escapen.

No importa lo que crean, no importa lo que digan, no importa a quién le echen la culpa.

No importa que le echen la culpa a las leyes, al medio, al entorno, al condicionamiento, a la educación o a los mandatos.

Ustedes están eligiendo en cada momento su accionar.

Y si no quieren aceptar esto es porque no quieren aceptar la responsabilidad que significa ser libres.

Es mi derecho y mi privilegio limitarme a mí. No sos vos el que me lo impide, no hay nada real que me lo impida; soy yo, que estoy haciendo una elección.

Las autolimitaciones son elecciones. Soy autónomo y me fijo mis propias normas y me digo: esto no. En este caso no estoy dejando de ser libre, porque es mi elección. Tanto estoy eligiendo que si yo digo: "esto no", puedo decir mañana: "esto sí".

Si uno elige ser esclavo: ¿ahora es libre o es esclavo?
¿Se puede elegir no elegir?
Esta es la vieja paradoja de la libertad.
Aristóteles decía: "Tengo una piedra en la mano, yo

puedo elegir tener la piedra o tirarla, tengo esa elección; mientras yo tenga la piedra en la mano tengo las dos posibilidades; sin embargo, si yo tirara la piedra ahora ya no podría elegir tenerla o tirarla."

Hay algunas elecciones que abren y otras elecciones que cierran.

Si uno elige ser esclavo y después puede elegir ser libre, entonces es libre, aunque sea esclavo. Si yo elijo esclavizarme a la voluntad y al deseo de alguien, sigo siendo libre, siempre y cuando yo pueda elegir cambiar esa esclavitud.

En la leyenda de Tristán e Isolda, Tristán toma por error un filtro de amor y queda perdidamente enamorado de Isolda. Entonces se vuelve su amante. El rey, que pensaba casarse con ella, se ve traicionado por Tristán y le dice: "¿Cómo pudiste hacerme esto a mí?" Yo soy tu amigo y vos te acostaste con la mujer que iba a ser mi esposa. Y Tristán le responde: "¿A mí me preguntás? ¿Yo qué tengo que ver? Preguntale a ella, que yo soy esclavo de mi corazón y ella es su dueña..."

En este caso, Tristán no eligió la traición, porque tomó del filtro del amor. En este mito no hay voluntad, entonces tampoco hay responsabilidad sobre las acciones (de hecho el rey, al escuchar esto, comprende, se compadece y lo perdona).

El problema es que en la vida real, que no es un mito, siempre somos responsables de lo que elegimos, porque no existen los filtros que nos hagan perder la voluntad.

Yo sostengo que ponerme una limitación es restringir mi capacidad de elegir, y ser libre es justamente abrir mi capacidad de elegir. Como ya dije, ser libre es elegir hacer, dentro de "lo que uno puede", que está limitado claramente por mi capacidad y condición física. Todo lo demás depende de mi elección. Yo acepto o no acepto con esto que soy.

Con estos condicionamientos que son parte de mí.

Con los mandatos, con los aprendizajes.

Con los condicionamientos culturales que he recibido, con las pautas sociales, con mi experiencia, con mis vivencias, con todas las cosas que finalmente han desembocado en que yo sea este que soy.

Hoy, desde ser este que soy, yo elijo.

Soy yo el que decide.

La libertad es lo único que nos hace responsables.

En una vieja historia del pueblo judío —todos los pueblos tienen una—, la historia de Mazada, para no entregar la ciudad el pueblo entero se sacrifica hasta morir.

Entre las termitas hay un grupo que se dedica todo el tiempo a comer, como si fuera una ocupación; no hacen otra cosa. Y su trabajo es salir del hormiguero cuando este es atacado por arañas o escarabajos. En ese momento las termitas sacrifican su vida y se dejan comer. Es decir, su función es retrasar a los escarabajos para que no lleguen al hormiguero.

Parece una actitud maravillosa, ¿hablaríamos de la valentía de estas hormigas? ¿Hablaríamos de su valor?

No, porque estas hormigas no pudieron elegir, tienen una conducta pautada genéticamente. En cambio, la gente de Mazada sí pudo elegir.

El hecho concreto de haber podido elegir hace que uno pueda considerar heroica una conducta.

Es absolutamente indiscutible que cada uno de nosotros tiene la limitación de los hechos concretos, de lo que no puede hacer. Ahora faltará saber si nos vamos a animar a tomar conciencia de que no tenemos más limitaciones respecto del otro que las que cada uno decide.

Es por eso que llamé "Decisión" a esta etapa del viaje.

La idea de que puedo elegir solamente dentro de lo que el otro o los otros me dicen que puedo es una idea imbécil, una idea que hemos ido aprendiendo desde nuestro segundo año de vida hasta el último año del colegio secundario.

Esto muestra de qué manera nuestra educación nos ha conducido a ser imbéciles.

Yo he vivido toda mi vida, hasta no hace muchos años, con una imbecilidad moral poco capaz de ser empardada, y viviendo en función y atado a las historias de lo que se debía y de lo que no se debía, una imbecilidad moral tan importante y tan grande como para que yo me enterara de qué decisiones había tomado respecto de mi vida cuando ya estaba casado y tenía dos hijos.

La verdad es que nunca me había dado cuenta que estaba decidiendo; yo no estaba eligiendo, estaba haciendo lo que de alguna manera estaba pautado por mi cultura y mi educación.

Pero un día, a los treinta años, me di cuenta que en realidad no había elegido esto, y ese día tuve que elegir, porque no había más remedio.

Uno podía elegir quedarse con lo que tenía o no, porque eso era la libertad de elegir.

Esto debe haberle pasado también a mucha gente; no siempre en un momento así uno elige quedarse con lo que ha hecho. A veces uno elige que no, y entonces se enfrenta con los problemas serios de darse cuenta que gran parte de la vida que uno ha tenido ha sido producto de su imbecilidad, y empieza a darse cuenta que había recorrido caminos equivocados, y muchas veces eso es doloroso para uno y para los otros.

Sólo podremos dejar de ser imbéciles morales cuando recuperemos nuestra propia moral, cuando dejemos de creer que otros tienen que decidir o prohibir por nosotros.

Se trata de aumentar la capacidad de conciencia de cada uno para elegir lo que quiere prohibirse o permitirse.

Se trata de educar a la gente para que tenga más posibilidades de elegir.

Se trata de no traer imbéciles morales al mundo, jóvenes que al no tener posibilidades para elegir terminan eligiendo la droga.

Hay que darse cuenta de que en este caso otros están eligiendo por ellos.

Hay que tratar de que los jóvenes se desimbecilicen, se vuelvan adultos, para que puedan decidir qué les conviene y qué no les conviene.

No se trata de prohibir la droga, se trata de aumentar su nivel de madurez para que no sean imbéciles, para que no se dejen arrastrar al negocio de unos pocos que manejan la droga para tratar de venderla.

No se engañen: a nadie le importa qué pasa con los jóvenes, con nuestros hijos. Lo que les importa es la plata que se mueve alrededor de esto.

Repito: no se trata de prohibir la droga o las películas pornográficas, no se trata de prohibir la prostitución, se trata de generar cultura, información, madurez. Se trata de ayudar a los jóvenes a pensar.

Para ayudar a los jóvenes a pensar hay muchos caminos. Yo creo que el mejor camino es el de la libertad, el de mostrarles a nuestros hijos, a nuestros vecinos, a nuestros amigos, que la libertad se ejecuta todos los días cuando uno puede ser capaz de decir sí o no.

No quiero que olvidemos en nuestro razonamiento que existen por lo menos dos posturas filosóficas claramente enfrentadas que nos podrían condicionar a llegar a conclusiones diferentes: la de quienes piensan que si no hubiera sido por las leyes y las normas el hombre habría terminado por destruir al hombre definitivamente, y la de aquellos que dicen que si no hubiera sido por las leyes y las normas el hombre habría sido mucho más feliz, generoso y amable.

¿Cómo saber cuál es la postura correcta? Es muy difícil decidir sobre esto sin tomar previamente una postura ideológica. Es imposible saber si las leyes y la represión han contribuido al progreso de la humanidad al frenar el impulso destructivo supuestamente innato o, por el contrario, si es justamente el orden impuesto lo que llevó a la aniquilación de gran parte de la creatividad y la espontaneidad del ser humano, como creen los anarquistas.

Dicen las maestras, y algunas personas que asisten a mis charlas, que hacer lo que yo propongo no es libertad, sino libertinaje. ¡Libertinaje!

¡¡Un exceso de libertad!! ¿Qué tal? ¿Qué es demasiada libertad?

¿Hacer demasiado lo que quiero o hacer lo que quiero demasiado?

La autonomía es posible únicamente para el individuo que decide convertirse en persona.

Es un gran trabajo y, por supuesto, muchas veces ni siquiera cuenta con el aplauso de· los demás. Porque, como hemos ido viendo hasta aquí, la historia de creer que "los demás van a condicionar mi decisión", la historia de que "yo no puedo elegir en contra de lo que todos creen", que "yo tengo que atenerme a las normas que los demás me imponen", que "es imprescindible para mí hacer lo que todos dicen que hay que hacer", esta idea, es una idea imbecilizante. Es la contracara de la idea de la libertad de elegir.

La educación formal nos arrastra a una clara oscilación. Por un lado, quiere convencernos de que "la libertad absoluta no existe", y por el otro, intenta imponer que "la libertad consiste en hacer lo que se debe".

Y yo digo: ni una cosa ni la otra.

Ni la omnipotencia como punto de mira ni la obediencia debida.

La libertad consiste en ser capaz de elegir entre lo que es posible para mí y hacerme responsable de mi elección.

Elegir significará, entonces, hacer mi camino para, egoístamente, llegar como en la poesía de Lima Quintana a la cima de la montaña que yo decida escalar.

Y este será mi desafío.

El mío, el que yo elija.

Porque la cima... la cima la elegí yo.

Nadie eligió esta cima por mí.

Había una vez un carpintero que se especializaba en el armado de casas. Trabajaba para un empresario que le proporcionaba los paneles premoldeados; él los ensamblaba, les remachaba las juntas, levantaba la casa y alistaba los detalles.

Un día, el carpintero decide que ya ha trabajado lo suficiente y que es la hora de dejar su tarea. Así que va a hablar con el empresario y le cuenta que se va a jubilar. Como aún le quedaba una casa por terminar, le advierte que este será su último trabajo y que luego se va a retirar.

—¡Qué lástima! —dice el empresario—, usted es un buen empleado... ¿No quiere trabajar un poco más?

—No, no, la verdad es que tengo muchas cosas para hacer, quiero descansar...

—Bueno.

El señor termina de hacer la supuesta casa, va a despedirse del empresario y este le dice:

—Mire, hubo una noticia de último momento, tiene que hacer una casa más. Si me hace el favor... No tiene más nada que hacer... Dedíquese exclusivamente a hacer esta última casa, tómese el tiempo que sea necesario pero, por favor, haga este último trabajo.

Entonces el carpintero, fastidiado por este pedido, decide hacerla. Y decide hacerla lo más rápido que pueda para ir a descansar, que era lo que él en realidad quería. Ya no tiene nada que defender, va a dejar el trabajo, ya no tiene que buscar la valoración de los demás, ya no está en juego su prestigio ni su dinero, ya no hay nada en juego porque él está amortizado. Lo único que quiere es hacerla rápido.

Así que junta los paneles entre sí, los sujeta sin demasiada gana, usa materiales de muy baja calidad para ahorrar el costo, no termina los detalles, hace, en suma, un trabajo muy pobre comparado con lo que él solía hacer. Y finalmente, muy rápido, termina la casa.

Entonces va a ver al empresario y este le dice:

—¿Y? ¿La terminó?

—Sí, sí, ya terminé.

—Bueno, tome... coloque la cerradura, cierre con llave y tráigamela.

El carpintero va, pone la cerradura, cierra con llave y regresa. Cuando el empresario toma la llave, le dice:

—Este es nuestro regalo para usted...

Puede ser que no nos demos cuenta, pero la vida que construimos todos los días es la casa donde vivimos. Y la hemos estado haciendo nosotros. Si no queremos, no nos fijemos demasiado si la casa tiene lujos o algunos detalles sin terminar, pero cuidemos muy bien cómo la vamos armando. Cuánta energía, cuánto interés, cuánto cuidado, cuánta cautela pusimos hasta acá en construir nuestra vida.

Qué bueno sería, de verdad, que empecemos, de aquí en adelante, a estar más atentos a lo que construimos.

Claro que a veces hay zonas turbulentas donde un terremoto viene, te derrumba todo lo que hiciste y tenés que empezar de nuevo. Es verdad.

¿El afuera existe? No hay duda. Pero no agreguemos a estas contingencias del afuera la contingencia de no habernos ocupado adecuadamente de construir esta casa.

Porque, aunque no nos demos cuenta, esta vida que estamos construyendo es la vida en la que vamos a vivir nosotros. No estamos construyendo una vida para que viva el vecino, estamos construyendo una vida donde vamos a habitar nosotros mismos.

Y entonces, si uno se sabe valioso, si uno se quiere, ¿por qué conformarse con cualquier cosa? ¿Por qué funcionar como el carpintero del cuento?

Si te das cuenta de que merecés vivir en la mejor vida...

¿Por qué no construirte la mejor casa?

¿Por qué no procurarte la mejor vida en la cual vivir desde hoy?

Por lo tanto, no sólo la libertad existe, sino que es irremediable.

Es más, somos condenadamente libres, porque además la libertad es irrenunciable.

Permanentemente estamos haciendo ejercicio de la libertad.

Octavio Paz decía:

La libertad no es una idea política ni un pensamiento filosófico ni un movimiento social. La libertad es el instante mágico que media en la decisión de elegir entre dos monosílabos: sí y no.

PASAJE

M e acuerdo siempre de una escena.

Mi primo, mucho más chico que yo, tenía tres años.
Yo tenía unos doce...
Estábamos en el comedor diario de la casa de mi abuela. Mi primito vino corriendo y se llevó la mesa ratona por delante. Cayó sentado de culo en el piso llorando.
Se había dado un golpe fuerte y poco después un bultito del tamaño de un carozo de durazno le apareció en la frente.
Mi tía, que estaba en la habitación, corrió a abrazarlo y mientras me pedía que trajera hielo le decía a mi primo:
"Pobrecito, mala la mesa que te pegó, chas chas a la mesa...", mientras le daba palmadas al mueble invitando a mi pobre primo a que la imitara.
Y yo pensaba: ¿...?
¿Cuál es la enseñanza? La responsabilidad no es tuya, que sos un torpe, que tenés tres años y que no mirás por dónde caminás; la culpa es de la mesa.
La mesa es mala.
Yo intentaba entender más o menos sorprendido el mensaje oculto de la mala intencionalidad de los objetos.
Y mi tía insistía para que mi primo le pegara a la mesa...

Me parece gracioso como símbolo, pero como aprendizaje me parece siniestro: vos nunca sos responsable de lo

que hiciste, la culpa siempre la tiene el otro, la culpa es del afuera, vos no, es el otro el que tiene que dejar de estar en tu camino para que vos no te golpees...

Tuve que recorrer un largo trecho para apartarme de los mensajes de las tías del mundo.

Es mi responsabilidad apartarme de lo que me daña. Es mi responsabilidad defenderme de los que me hacen daño. Es mi responsabilidad hacerme cargo de lo que me pasa y saber mi cuota de participación en los hechos.

Tengo que darme cuenta de la influencia que tiene cada cosa que hago. Para que las cosas que me pasan me pasen, yo tengo que hacer lo que hago. Y no digo que puedo manejar todo lo que me pasa, sino que soy responsable de lo que me pasa, porque en algo, aunque sea pequeño, he colaborado para que suceda.

Yo no puedo controlar la actitud de todos a mi alrededor, pero puedo controlar la mía. Puedo actuar libremente con lo que hago.

Tendré que decidir qué hago. Con mis limitaciones, con mis miserias, con mis ignorancias, con todo lo que sé y aprendí, con todo eso, tendré que decidir cuál es la mejor manera de actuar. Y tendré que actuar de esa mejor manera.

Tendré que conocerme más para saber cuáles son mis recursos.

Tendré que quererme tanto como para privilegiarme y saber que esta es mi decisión.

Y tendré, entonces, algo que viene con la autonomía y que es la otra cara de la libertad: el coraje. Tendré el coraje de actuar como mi conciencia me dicta y de pagar el precio.

Tendré que ser libre aunque a vos no te guste.

Y si no vas a quererme, así, como soy;
y si te vas a ir de mi lado, así como soy;
y si en la noche más larga y más fría del invierno
me vas a dejar solo y te vas a ir...
cerrá la puerta, ¿viste? porque entra viento.

Cerrá la puerta. Si esa es tu decisión, cerrá la puerta.

No voy a pedirte que te quedes un minuto más de lo que quieras. Te digo: cerrá la puerta, porque yo me quedo y hace frío.

Y ésta va a ser mi decisión.

Esto me transforma en una especie de ser inmanejable.

Porque los autodependientes son inmanejables y sabemos que no hay nadie que los pueda manejar.

Porque a un autodependiente lo manejás solamente si él quiere, con lo cual, no es manejable, no estás manejándolo; él está manejando la situación, él se está manejando a sí mismo.

Esto significa un paso muy adelante en tu historia y en tu desarrollo, una manera diferente de vivir en el mundo y probablemente signifique empezar a conocer un poco más a quien está a tu lado.

Si sos autodependiente, de verdad, si no vas a dejarte manejar ni siquiera un poquito, es probable que algunas de las personas que están a tu lado se vayan... Quizás alguno no quiera quedarse.

Bueno, habrá que pagar ese precio también.

Habrá que pagar el precio de soportar las partidas de algunos a mi alrededor.

Y prepararse para festejar la llegada de otros (Quizás...)

Miguel y Tomás salen de una reunión. Pasan por el guarda-
rropa y la hermosa niña que atiende le alcanza a Miguel un
sobretodo negro. El hombre saca un billete de cincuenta pesos y
se lo deja sobre el mostrador. La niña sonríe seductora y dice:
"Gracias".
Ya en la calle, Tomás le dice a Miguel acusadoramente:
—¿Vos viste la propina que le diste?
Miguel, casi sin mirarlo le contesta:
—¿Vos viste el sobretodo que me dio?

El precio que pagamos por la autodependencia siempre
es barato, porque es la única forma de asegurarnos que no
pasaremos frío el próximo invierno.

Cuando uno toma decisiones para hacer cosas con el
otro, cosas importantes como hacer el amor, o no importantes como caminar por una plaza, o quizás tan importantes
como caminar por una plaza o no tan importantes como hacer el amor, tiene que darse cuenta que son decisiones vo-
luntarias, tomadas para hacer al lado del otro, pero no "por"
el otro, sino "con" el otro.

Es importante empezar a darnos cuenta que nuestra relación con el mundo, con los demás, con el prójimo, en realidad es hacer cosas "con" los otros.

Y que este "con el otro" es autónomo, que depende de
nuestra libre decisión de hacerlo.

Que no hago cosas por vos y que por eso no me debés
nada.

Que no hacés cosas por mí y por eso no te debo nada.

Que, en todo caso, hacemos cosas juntos.

Y estamos alegres por eso.

Aprender a caminar juntos será un nuevo desafío, el del camino que sigue: *El camino del encuentro*.

Entonces no me quedaré dependiendo de vos y no trataré de que dependas de mí.

Dejaré de transitar este espacio de intentar que me temas.

Detestaré la necesidad de que me odies.

Cancelaré la postura de víctima, para que nunca me tengas lástima.

Y no intentaré más que me necesites.

Me conformaré con que me quieras o no.

Y en todo caso, si vos no me querés, no te angusties por mí, siempre habrá alguien capaz de quererme.

La idea de liberarse a la que se refiere Lima Quintana en el *Poema del vigilante y el ladrón*, citado al comienzo, continúa sin contradicción en este otro que no casualmente se titula *La meta*:

Hay que llegar a la cima
Hay que arribar a la luz
Hay que darle un sentido a cada paso
Hay que glorificar la sencillez de cada cosa
Anunciar cada día con un himno
Subir por esa calle ancha que conduce hacia el éxito
Dejar atrás, para siempre, el horror y los fracasos
Y cuando entremos finalmente, orgullosos y triunfales,
Cantando por la cumbre, recién entonces
Estirar las manos hacia abajo
Para ayudar a los que quedaron rezagados.

Recién después de haber llegado, puedo pensar en ayudar al prójimo a recorrer su propio camino, que quizás no sea el mío, pero que él merece explorar.

Habrá que ver qué significa rebelarse y qué significa desobedecer.

Habrá que saber dónde está la transgresión.

Después de todo, es mi libertad de acatar las normas sabiendo que podría violarlas, lo que dignifica mi respeto a ellas.

¿Deberíamos ser siempre leales a las reglas, a las normas, a las costumbres?

Y si es así, ¿a cuáles?

¿A las tuyas?

¿A las mías?

¿A las de la mayoría?

Habrá que evaluar qué es una decisión autodependiente.

Habrá que aceptar el desafío de ser autodependiente, y entonces darme:

Más y más derecho a tomar mis propias decisiones.

Más y más espacios de desacondicionamiento.

Más y más desapego de la manía juzgadora y manipuladora del afuera.

Más y más lugares de salud.

Estos espacios no me los puede traer ni quitar nadie.

Voy a tener que construirlos yo mismo o descubrirlos en mí, pagar primero los precios y soportar con valor las heridas, para recién después animarme a gritar mi decisión de habitarlos.

No para morir por defenderlos, sino para vivir y compartirlos.

Si llegamos a la cima, *seguramente* habremos encontrado juntos una manera de hacer real lo *posible*.

Había una vez, en la antigua China, tres monjes budistas que viajaban de pueblo en pueblo dentro de su territorio ayudando a la gente a encontrar su iluminación. Tenían su propio método: Todo lo que hacían era llegar a cada ciudad, a cada villa, y dirigirse a la plaza central donde seguramente funcionaba el mercado. Simplemente se paraban entre la gente y empezaban a reír a carcajadas.

La gente que pasaba los miraba extrañada, pero ellos igualmente reían y reían. Muchas veces alguien preguntaba: "¿De qué se ríen?". Los monjes se quedaban un pequeño rato en silencio... se miraban entre ellos y luego, señalando al que preguntaba y apuntándolo, retomaban su carcacajada. Y sucedía siempre el mismo fenómeno: la gente del pueblo, que se empezaba a reunir alrededor de los tres para verlos reír, terminaba contagiándose de sus carcajadas y tornaban a reír tímidamente al principio y desaforadamente al final.

Cuentan que al rato de reír, todo el pueblo olvidaba que estaba en el mercado, olvidaba que había venido a comprar y el pueblo entero reía y reía y nada tenía la envergadura suficiente para poder entristecer esa tarde. Cuando el sol se escondía, la gente riendo volvía a sus casas; pero ya no eran los mismos, se habían iluminado. Entonces, los tres monjes tomaban su atado de ropa y partían hacia el próximo pueblo.

La fama de los monjes corría por toda China. Algunas poblaciones, cuando se enteraban de la visita de los monjes, se reunían desde la noche anterior en el mercado para esperarlos.

Y sucedió un día que, entrando en una ciudad, repentinamente uno de los monjes murió. "Ahora vamos a ver a los dos que quedan —decían algunos—, vamos a ver si todavía les quedan ganas de reír"...

Ese día más y más gente se juntó en la plaza para disfrutar la tristeza de los monjes que reían, o para acompañarlos en el dolor que seguramente iban a sentir.

¡Qué sorpresa fue llegar a la plaza y encontrar a los dos

monjes, al lado del cuerpo muerto de su compañero... ¡riendo a carcajadas! Señalaban al muerto, se miraban entre sí y seguían riendo.

"El dolor los ha enloquecido —dijeron los pobladores—. Reír por reír está bien, pero esto es demasiado, hay aquí un hombre muerto, no hay razón para reír".

Los monjes, que reían, dijeron entre carcajadas: "Ustedes no entienden... él ganó... él ganó...", y siguieron riendo.

La gente del pueblo se miraba, nadie entendía. Los monjes continuaron diciendo con risa contenida: "Viniendo hacia aquí hicimos una apuesta... sobre quién moriría primero... Mi compañero y yo decíamos que era mi turno... porque soy mucho mayor que ellos dos, pero él... él decía que él... iba a ser el elegido... y ganó ¿entienden?... él ganó..." Y una nueva andanada de carcajadas los invadió.

"Definitivamente han enloquecido —dijeron todos—. Debemos ocuparnos nosotros del funeral, estos dos están perdidos".

Así, algunos se acercaron a levantar el cuerpo para lavarlo y perfumarlo antes de quemarlo en la pira funeraria como era la costumbre en esos tiempos y en ese lugar.

"¡No lo toquen! —gritaron los monjes sin parar de reír—. No lo toquen... tenemos una carta de él... él quería que en cuanto muriera hicieran la pira y lo quemaran así... tal como está... tenemos todo escrito... y él ganó... él ganó".

Los monjes reían solos entre la consternación general. El alcalde del pueblo tomó la nota, confirmó el último deseo del muerto e hizo los arreglos para cumplirlo. Todos los habitantes trajeron ramas y troncos para levantar la pira mientras los monjes los veían ir y venir y se reían de ellos.

Cuando la hoguera estuvo lista, entre todos levantaron del suelo el cuerpo sin vida del monje y lo alzaron hasta el tope de la montaña de ramas reunidas en la plaza. El alcalde dijo una o dos palabras que nadie escuchó y encendió el fuego. Algunos pocos lagrimeaban en silencio, los monjes se desternillaban de la risa.

Y de pronto, algo extraño sucedió. Del cuerpo que se quemaba salió una estela de luz amarilla en dirección al cielo y explotó en el aire con un ruido ensordecedor. Después, otros cometas luminosos llenaron de luz el cuerpo que se quemaba, bombas de estruendo hacían subir los destellos hasta el cielo y la pira se transformó en un increíble espectáculo de luces que subían y giraban y cambiaban de colores y de sonidos espectaculares que acompañaban cada destello. Y los dos monjes aplaudían y reían y gritaban: "¡Bravo... Bravo...!"

Y entonces sucedió. Primero los niños, luego los jóvenes y después los ancianos, empezaron a reír y a aplaudir. El resto del pueblo quiso resistir y chistar a los que reían, pero al poco tiempo todos reían a carcajadas.

El pueblo, una vez más, se había iluminado.

Por alguna razón desconocida, el monje que reía sabía que su fin se acercaba y, antes de morir, escondió entre sus ropas montones de fuegos artificiales para que explotaran en la pira, su última jugada, una burla a la muerte y al dolor, la última enseñanza del maestro budista:

La vida no finaliza, la vida sólo nace una y otra vez.

Y el pueblo iluminado... reía y reía.

NOTAS

1. *Antología Poética*, Editorial Edaf.
2. *Ética para Amador*, Editorial Ariel.
3. Son tendencias, no quiere decir que todas las mujeres y todos los hombres seamos necesariamente imbéciles ni que la clasificación sea excluyente.
4. Este camino, horrible, siniestro, que recorremos de alguna manera todos como humanidad, también es transitado por los grupos violentos de la Argentina y del mundo... ¿Qué les pasa?
   Esto les pasa. No han podido sentirse queridos, nadie los necesita ni les presta atención, nadie se compadece de lo que sufren, han decidido intentar aunque sea ser odiados y han terminado generando temor. Porque este temor que saben que generan en el afuera es el único sustituto que han encontrado para el amor que no pudieron obtener. Esta estructura puede aplicarse a la lectura de las actitudes violentas del mundo, desde los grupos punk hasta las organizaciones terroristas. ¿Qué quiere un terrorista? Yo no justifico, pero esto no me impide tratar de entender que ésta es una manera de reclamar atención... Después perdieron el camino. Después alguien les hizo creer que la única manera de ser reconocidos era ganar poder, y ahora ya no hay retorno y sin embargo empezaron su descenso desde el lugar pasionalmente ligado con el amor.
5. Por eso el Bar Mitzva de los judíos, la confirmación de los católicos y la circuncisión de los islámicos, se realizan a los doce o trece años. Porque ése era el primer tercio de vida, cuando el individuo dejaba de preparar la tierra y pasaba a ser un adulto. Ahí terminaba la adolescencia.
6. En el estado de la ciencia actual, con el desarrollo de la investigación sobre el genoma humano y la nueva ciencia, la Neuro-bio-

inmuno-endocrinología, es prácticamente indiscutible que cada uno de nosotros nace con un temperamento, ligado al resto de la información genética: el color de pelo, el color de la piel, el ser varón o mujer, etc. Y por lo tanto este temperamento tampoco es algo que uno elige, es congénito.

7. *El proceso de convertirse en persona*, Editorial Paidós.

8. *Contacto íntimo*, Editorial Diana.

9. Editorial Del Nuevo Extremo.

10. Editorial Del Nuevo Extremo.

11. En la Argentina pasó algo fantástico allá por el '85 o el '86, cuando se estableció la Ley de Divorcio. La Iglesia y los sectores más conservadores salieron a decir que se iban a divorciar todos... Entonces los juristas y los psicólogos empezamos a decir, como si hiciera falta, que la ley establecía la autorización, no la obligación. Y nadie está forzado a hacer algo sólo porque se lo permiten.

12. Cuentan que, de allí en adelante, muchos organizadores decidieron dejar de invitar al Dr. Perls. Es de suponer que esta decisión debe haber frenado la difusión de la escuela de la Gestalt y la popularidad del modelo terapéutico creado por él.

13. Hasta puedo a veces actuar reactivamente haciendo lo contrario del mandato. Aunque de hecho sería una forma de dependencia, una forma de obediencia en negativo.

ÍNDICE

Esta edición de 10.000 ejemplares
se terminó de imprimir en
Kalifón S.A.,
Humboldt 66, Ramos Mejía, Bs. As.,
en el mes de julio de 2004.